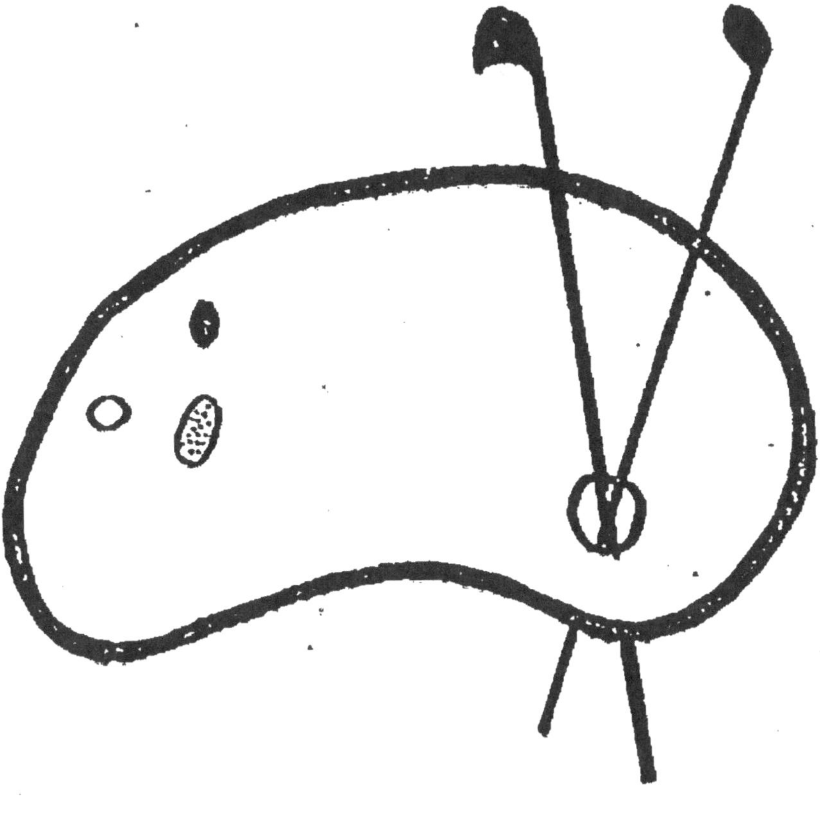

DEBUT D'UNE SERIE DE DOCUMENTS
EN COULEUR

Couverture Inférieure manquante

E. MARILLAC

Les Fêtes

de Rancy

AVEC UNE PRÉFACE

DE M. MALLAT DE BASSILAN

De la Bibliothèque Nationale

PARIS

IMPRIMERIE LUCIEN BEILLET

80, Rue de Bondy, 80

—

1892

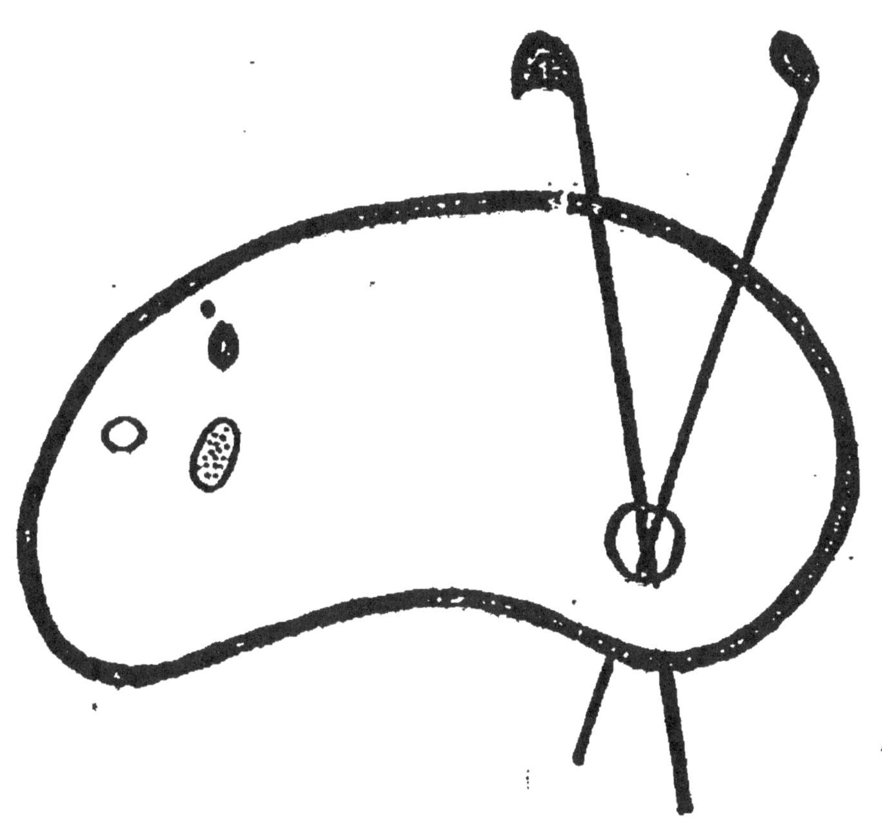

FIN D'UNE SERIE DE DOCUMENTS
EN COULEUR

Les Fêtes de Nancy

E. MARILLAC

Les Fêtes de Nancy

AVEC UNE PRÉFACE

DE M. MALLAT DE BASSILAN

De la Bibliothèque Nationale

PARIS

IMPRIMERIE LUCIEN BEILLET

80, Rue de Bondy, 80

—

1892

Na'zdar !

Mon Cher Ami,

Je viens de lire la brochure dans laquelle vous décrivez, avec une fidélité photographique qui n'exclut pas l'impression du patriote et de l'artiste, ces magnifiques fêtes de Nancy qui ont provoqué une si éclatante vibration de l'âme française.

En revivant, grâce à vous, ces heures inoubliables, je ressens encore l'émotion patriotique et bien communicative de ce peuple lorrain, dont le cœur battait tout près du nôtre.

Jamais, en effet, de mémoire lorraine, la vieille cité de Stanislas n'a vu foule plus compacte, plus chaude, plus religieusement enthousiaste. Unie dans une pensée intime et secrète, elle acclamait en M. Carnot tous les souvenirs glorieux et toutes les espérances saintes de la République.

C'est qu'à Nancy, nous étions à l'épiderme de la Patrie, et toutes les blessures, les moindres piqûres y sont plus douloureuses et plus durables.

Personne n'a prononcé le mot sacré de " revanche " mais on le lisait au fond de tous les yeux empreints d'une sombre mélancolie, au bord de toutes ces lèvres ordinairement sobres de paroles et de sourires, dans le pli songeur que portent déjà au front les enfants élevés dans le culte du souvenir.

C'est là, tout près de la frontière qu'il faut venir pour éprouver une impression plus intense de l'amour de la patrie ; c'est là qu'il faudrait amener les politiciens à l'esprit étroit, aux ambitions inavouables qui stérilisent les forces vives de la nation dans des discussions byzantines et dans une opposition intéressée.

C'est une excellente idée, cher ami, d'avoir réuni dans une brochure destinée à être gardée et relue, ces impressions de journaliste qui sont feuilles au vent, aussitôt oubliées que lues. Quant à moi, je vous sais gré de me permettre de me retremper, en quelque jour de marasme, dans ces souvenirs consolants.

Aussi, je vous adresse avec mes remerciements, le salut des patriotes bohêmes, des Sokols que nous avons vus fraterniser avec nos étudiants lorrains.

NA'ZDAR,

M. DE BASSILAN

I

DE PARIS A NANCY. — LES FÊTES FÉDÉRALES ET UNIVERSITAIRES

Le vendredi soir, 3 juin, quand j'arrive, à la gare de l'Est, une animation extraordinaire règne dans les salles. Des groupes affairés, nerveux, déjà partis comme tous les gens qui s'apprêtent à partir, vont, viennent, s'informent aux employés, puis le renseignement obtenu, examinent des jeunes gens en tenue de gymnastes, sac au dos, dont le nombre augmente à toute minute.

« Pourquoi ce mouvement insolite, demandons-nous, d'ordinaire à cette heure, le départ est plus calme ? »

« Oui, mais voilà, c'est un départ pour Nancy ; jetez un coup-d'œil aux guichets, vous verrez. »

En effet, aux deux guichets surmontés des bandes indicatrices : *Nancy, Avricourt*, on s'empile dans les barrages commandant la distribution des billets. Plus de doute, tout ce monde prend route vers Nancy, comme nos petits gymnastes, assis pour attendre l'heure, dans un coin du hall, sur les sacs ou les tambours, en fumant et causant haut.

Dans la salle où les bagages s'enregistrent, même encombrement. Les chariots pliant sous les valises entassées à des hauteurs dangereuses, font queue pour leur tour de pesage, s'immobilisent malgré les réclamations des voyageurs, et surtout la hâte des employés.

Comme toujours, plus on se dépêche, moins la besogne avance, sans compter ce soir là, qu'elle était faite à rebours. Ainsi, tout à côté de moi, un homme réclame vertement. D'après ce que je saisis, c'est quelqu'un d'une société colombophile. On a enregistré ses cages à pigeons pour Nancy, sans le comprendre, lui, dans la cargaison vivante. Et comme on ne laisse jamais ces volatiles voyager seuls, il se fâche, comme bien l'on pense. Après nombre de pourparlers échangés par dessus les tas de caisses, on l'envoie finalement ailleurs.

Sur le quai, l'aspect ne varie pas, et c'est toujours la même fièvre de départ. Nous avons quinze grandes minutes d'avance, et déjà le train est enlevé d'assaut, tellement, que dans les compartiments, les places libres sont clair-semées, malgré la longueur du convoi. On le devine aux têtes qui sillonnent le trottoir, sondant les voitures, comptant les voyageurs pour filer plus loin à la découverte.

Les gymnastes, en vertu de l'entraînement, n'y vont pas avec tant de cérémonie. Ils escaladent brusquement les marchepieds, introduisent le cou par les portières et quand le nombre réglementaire n'est pas complet, appellent de la voix et du geste les camarades restés en arrière.

Enfin, les employés ferment avec bruit les poignées des voitures; des serrements de mains et des saluts affectueux s'échangent, les mouchoirs s'agitent, le train démarre. Quand nous avons quitté la zône éclairée de la gare pour nous plonger dans la nuit, un clairon qui lançait dans le roulement des wagons ses notes vibrantes, nous rappelait seul, le vacarme de tout à l'heure sous le vitrage de la gare de l'Est.

Dès Noisy-le-Sec, tout bruit a cessé: à Meaux, notre caravane ressemble aux ordinaires trains de nuit... Pour fournir le voyage, sans trop de fatigue, chacun s'est arrangé du moins mal qu'il a pu et dort ou feint de dormir.

Bien installé dans mon encoignure, j'essaie de reposer sans pouvoir. Ce départ m'a fort impressionné et ce n'est pas sans quelque appréhension que je songe à tout ce monde turbulent, battant dès demain les rues de Nancy.

Les incidents antérieurs à ce voyage me reviennent alors en mémoire. La haineuse campagne de presse faite par l'Allemagne, ses essais d'intimidation, l'affaire de la revue affichée puis décommandée, les commentaires sur ce qu'on appelait une reculade : tout ça défile pêle-mêle, redouble mes craintes pour ce voyage présidentiel qui vêt du fait des circonstances un caractère exceptionnel très accentué, car, dans Nancy, ville frontière, un incident peut se produire à propos de rien.

En réflexionnant ainsi, nous franchissons les gares d'Epernay, Châlons, Vitry-le-François, pavoisées de drapeaux qui claquent dans l'obscurité, car il vente fort. C'est entre Bar-le-Duc et Commercy que le jour commence à poindre, dans les plaines bossuées de monticules qui s'espacent sous l'horizon. La pluie, qui nous avait pris malheureusement à Epernay, redouble alors, se change en averses cinglantes qui voilent la perspective et enlaidissent tout, même le canal de la Marne au Rhin, que le train cotoie sans cesse, à travers des prairies qui s'égouttent. A Liverdun, vers 6 heures, par une déchirure dans les nuages, des rayons de lumière, tombent en nappe sur les collines dominant la Moselle. Tout le monde est aux portières. La rivière s'écaille de soleil, les maisons sur la côte semblent se teinter de rose pâle. Mais c'est une éclaircie fugitive. A Champigneulles, la pluie reprend de plus belle pour nous conduire à Nancy.

L'arrivée de la cité Lorraine en est toute changée. Les villas en bordure du chemin de fer me semblent tristes. Tristes aussi, les monuments que nous découvrons à mesure ; l'Eglise Saint-Epvre, les Tours jumelles de la

Cathédrale dont les contours se noient dans les ondées persistantes.

Les voyageurs, qui n'ont seulement visité Nancy qu'en temps ordinaire, ne doivent plus retrouver leur bonne ville assagie, légèrement silencieuse dans la belle régularité de ses rues.

Dès la gare, on tombe en pleins préparatifs. En dépit d'une pluie fine, acérée, des hommes plantent des mâts, clouent des drapeaux et des écussons, s'activent au bas des arcs-de-triomphe qui s'édifient partout. A parler franc, nous n'avons guère, pour l'instant, le loisir de regarder à fond. Il y a toujours cette abominable pluie qui nous barre la vue et gêne les travailleurs. J'en interroge quelques uns, s'obstinant toujours à continuer les décors, malgré cette averse qui fait mine de vouloir durer tout le jour. Patience ! ce n'est rien ; ici, il faut s'attendre à ces contre-temps, nous sommes si près des Vosges, voyez-vous ! Près ou non. à 9 heures une jolie brise culbute les nuages et le soleil apparaît radieux.

L'idée de prendre vite pied, m'oriente aussitôt vers la rue de la Constitution n° 9, où se trouve le Délégué chargé des relations avec la presse. Sur les indications qui me sont données, tout au fond d'une cour contigüe à la grande poste, j'avise dans une salle encombrée de bancs, un garçon très occupé : « M. Gouttière-Vernolle, s'il-vous-plaît ? »

« A côté Monsieur ».

A côté, dans une pièce grande en tout comme deux largeurs de mains, des hommes discutaient debout autour d'une table chargée de papiers, pendant qu'un autre assis, écrivait avec rage, garnissait des enveloppes gigantesques qu'il plaçait ensuite dans une caisse, travaillait comme deux, en plus causait comme quatre, sans ralentir sa besogne pour si peu. Ce débrouillard à tête d'artiste ressemblant à la silhouette qu'on m'avait décrite, je franchis le cercle et demande :

« M. Gouttière-Vernolle? ».

« C'est moi. Vous voulez, monsieur. »

« Je veux, si possible, un billet de logement ; et pour justifier de mes prétentions, j'excipe de ma qualité de journaliste parisien. Notre homme fait un bond. « Encore la faute à ces damnés organisateurs; on m'annonce vingt journalistes, il en pleut quarante; » puis en se radoucissant, « patientez, nous vous logerons quand même, au café Riche probablement. »

Sur ce mot saturé de bien-être, le café Riche ! après maintes assurances que nous étions ici chez nous, à notre quartier général, je quitte l'aimable M. Gouttière-Vernolle, qui n'en pouvait mais de répondre aux nouveaux arrivants.

Dans le temps libre qui nous sépare de midi, je procède à quelques informations. Pour les obtenir plus précises, je me rends chez M. Léon Goulette, Directeur de *l'Est Républicain*, un ancien camarade qui fit ses dernières armes au *Paris*, avant d'émigrer à Nancy, son pays. Naturellement, je passe sous silence les bonnes effusions de l'arrivée.

« Voyons, combien de Sociétés de gymnastique sont invitées ? »

« 13o au bas mot. »

« Combien d'étrangères, dans le nombre? »

« Quatorze : Belges, Suisses, Luxembourgeoises et Tchèques »....

« Elles arrivent ? »

« Quelques-unes sont débarquées, ce matin »....

« Les Tchèques ou Sokols sont attendus vers une heure et demie, les autres s'échelonnent dans la soirée jusqu'à demain de bonne heure. »

Et comme je m'étonnais de ce nombre 13o, M. Goulette continue.

« Mais, songez un peu ! C'est la XVIIIe fête de l'Union

Fédérale des Sociétés de gymnastique de France. La première année de la Présidence de M. Carnot, l'Union donnait son concours à Paris. Impossible au Président de n'y pas assister. On lui arrache la promesse de se rendre en 90 aux fêtes de Besançon ; il y va. A Besançon, le rendez-vous est fixé pour Limoges en 91 ; il n'y manque pas. A Limoges, on prend date pour Nancy ; M. Carnot arrive demain. »

« Et l'année prochaine ? »

« Pardon, n'anticipons pas...... »

« La ville sera désignée au Congrès qui se tient aujourd'hui, salle Poirel. »

« Mais dans cette fête de gymnastes, quelle part est donc celle des étudiants ?

« Même à cette heure matinale, par les rues, j'en ai rencontré beaucoup, très en tenue, le béret crânement incliné sur l'oreille et qui se dirigent je ne sais où ? »

Pour résumer plus brièvement la conversation de M. Goulette, je transcris le récit de M. Perrault, mon collègue du *Temps*.

« Les étudiants de Nancy ou, plus exactement, la Société générale des étudiants de Nancy, la première association d'étudiants fondée en France, désireuse de plaider, au moment où se discute la question des universités, la cause de l'Université future de Nancy, a cru bon, à l'occasion de la visite du Président de la République, d'organiser des fêtes universitaires. Elle a donc adressé des invitations aux étudiants de France et de l'étranger, et les adhésions qu'elle a reçues sont nombreuses : 130 délégués arrivent ou vont arriver. En voici, d'ailleurs, la liste :

« Pour la France : Paris, 23 délégués ; Reims, 4 ; Rennes, 3 ; Aix, 7 ; Besançon, 4 ; Caen, 4 ; Dijon, 5 ; Grenoble, 3 ; Lille, 15 ; Lyon, 4 ; Marseille, 5. Toutes les délégations apportent le drapeau de leur association. Les étudiants de Rennes ont revêtu le costume breton, qui leur a valu à leur passage un véritable succès. L'Association de Limoges a adressé à la Société générale de Nancy la dépêche suivante :

« La Société de Limoges, nouvellement fondée, envoie l'expression fraternelle de sa sympathie à Nancy à l'occasion des fêtes.

« Pour l'étranger : Leyde a envoyé 1 délégué, Cambridge 3, Dublin 3, Bruxelles 1, Gand 1, Lausanne 1, Liège 9.

« Mais de Rome, car l'Association des étudiants avait envoyé une invitation, quelle était la réponse ?

« Le télégramme suivant : nous répond M. Goulette.

« Les étudiants libéraux de Rome envoient un salut fraternel à leurs camarades français, et affirment la solidarité que les frontières ne peuvent empêcher, et que les gouvernements ne peuvent détruire. »

« En réponse à ce télégramme des étudiants démocrates romains, les étudiants de Nancy ont envoyé la dépêche suivante :

« Les étudiants de Nancy remercient cordialement leurs frères italiens de leurs sympathies, et leur envoient leurs meilleurs souhaits. »

« Avec Bâle, même cordial échange de bons procédés ; à cause des fêtes locales, une délégation ne peut être envoyée. »

« Alors vous croyez que les fêtes seront bien ? »

« Ce que vous dites !... D'ailleurs vous en jugerez par la réception des Sokols cette après-midi. »

Pour expliquer ce que peuvent bien être ces Sokols dont il est tant question, je démarque les renseignements envoyés au *Figaro* par M. Charles Chincholle.

« On appelle Sokol, écrit-il, toutes les Sociétés de gymnastique tchèques de la Bohême. On va honorer les Sokols, non seulement parce qu'ils comptent dans leurs rangs beaucoup d'étudiants, mais surtout parce qu'ils passent pour ne pas être très bien avec un autre gouvernement qu'on n'aime pas beaucoup sur la frontière d'Alsace.

« Le gouvernement autrichien toutefois leur a interdit de venir chez nous en « corps ». Alors, qu'ont-ils fait ? Ils ont voyagé isolément jusqu'à Avricourt où les attendaient, sous un arc triomphal aux couleurs de France et de Bohême, M. Sansbœuf, président des sociétés de gymnastique de France, et quatre délégués des fêtes de Nancy. Il paraît que *Sokol* veut dire *faucon*, aussi tous les membres de la Sokol, au nombre de 70, ont-ils sur le bonnet noir une plume de faucon. Deux députés et huit dames patronnesses les accompagnent, ainsi que le professeur Schmidt-Bauchez, qui présida la délégation tchèque aux fêtes universitaires de Paris en 1889. »

Cette délégation avait quitté Prague jeudi soir. Chaque délégué portait un brassard aux couleurs slaves (blanc, bleu, rouge) et, sur la poitrine, un insigne composé d'un ruban aux couleurs slaves, surmonté d'une aigrette en argent portant les mots : « Nancy, 1892. »

Un incident de voyage su tout de suite à Nancy, avait redoublé les sympathies populaires pour les gymnastes frondeurs.

A Avricourt, un commissaire de la gare allemande avisant les trois couleurs séditieuses, avait arrêté la caravane. « Vous portez là des couleurs Françaises dont le port est défendu en Allemagne : Enlevez-les... »

Naturellement, refus catégorique. Refus net de M. Podlipny, le député tchèque auquel l'injonction fut réitérée. Après bien des pourparlers, et sur observations que ce n'était pas la tricolore Française, mais la tricolore Slave, vu l'interversion des couleurs, la délégation avait pu continuer sa route.

De toutes ces tracasseries soupçonneuses, les Sokols furent amplement dédommagés par l'accueil qu'on leur fit désormais à chaque étape; à Igney, à Avricourt, des

gymnastes étaient venus d'un peu partout pour les recevoir.

A Lunéville, la foule qui les attendait depuis quatre
heures, ne s'était pas lassée. Elle salue l'arrivée du
train par des cris répétés de : « Vive les Tchèques! »
Ceux-ci répondent par de formidables « *Na'zdar* »,
et « Vive la France ! »

Le docteur Job, Président de la Société de gymnas-
tique *La Lorraine*, à Lunéville, leur souhaite la bien-
venue. La fanfare de la ville exécute la marche des
Sokols et l'hymne national Tchèque, les délégués
n'ayant pu apporter leur drapeau, un des gymnastes
Lunévillois en présente un à M. Podlipny, en disant :
« Au nom de la Lorraine, nous offrons le drapeau
Tchèque à nos amis les Sokols. »

Le soir, un vin d'honneur est préparé dans le Gymnase
du Collège. Après la harangue du maire de Lunéville et
la réponse de M. Podlipny, l'enthousiasme est à son
comble. Vers minuit, quand l'hymne Tchèque et la *Marseillaise* ont jeté leurs dernières notes, le *Père la Victoire* donne le signal de la retraite. Les Sokols se séparent. Les uns couchent au collège, les autres chez les
habitants de Lunéville, qui leur accordent la plus gra-
cieuse hospitalité.

II

LES SOKOLS

« Je viens d'assister à une manifestation si bruyamment sympathique, que je me demande, non sans inquiétude, ce que l'on pourra bien faire quand ce sera le chef de l'Etat en personne qui descendra de wagon. Pour avoir tant d'enthousiasme, il faut qu'on ait l'âme bien tranquille. »

La manifestation bruyamment sympathique à laquelle fait allusion M. Charles Chincholle, est l'arrivée des Sokols à Nancy.

Pour la décrire, je transcris simplement, sans y rien changer, la correspondance que j'envoyais le soir même à mon journal.

Samedi, 4 juin, 7 h. soir. — Ainsi que je vous le télégraphiais ce matin, Nancy est sens dessus dessous. A toute heure, les trains supplémentaires arrivés en gare, ont versé dans la rue des flots de monde. Cette foule qui circule sur les trottoirs, en les encombrant, donne à la cité une physionomie particulière.

Malgré cet envahissement, les Nancéens ne ralentissent pas les décors pour demain. Tout le monde se meut et s'active. A voir tous ces hommes en tenue de travail, on dirait de ces villes antiques, où toute la population fiévreusement se hâtait d'édifier pour une époque fixe.

Les Gymnastes Tchèques

Le fait le plus saillant de la journée, a été l'arrivée, vers une heure et demie, des Gymnastes de la ville de Prague, les Sokols, au nombre de 70, huit dames non comprises.

Bien avant l'heure indiquée, une foule qu'on évalue
à plus de cinq mille personnes occupe les abords de
la gare, le square Thiers et la cour.

Sur le quai d'arrivée où nous pénétrons avec difficulté,
attendent les commissaires et les organisateurs des fêtes,
plusieurs sociétés : l'Union Nancéenne, le Sport et les
Chasseurs Nancéens. On se presse, on se bouscule. Les
voies sont envahies malgré les efforts des employés.

Entre temps, pour les Gymnastes Tchèques sont
apportés, à bras tendus, par crainte des froissements,
deux énormes bouquets de roses rouges et d'œillets,
cravatés de rubans tricolores, portant pour inscriptions.
l'un : « *A leurs camarades Sokols, délégation des
gymnastes français à Prague* ; l'autre : *Les Nancéens aux
Sokols.*

Quelques instants se passent, puis les agents de la
Compagnie jouent des mains, renfoncent les curieux
sur les quais ; le train apparaît. Tout le monde se découvre.
La musique joue la marche des Sokols, la *Marseillaise.*

La machine n'a pas encore stoppé, que par les portières
sortent tout de suite des bras hâtés d'ouvrir, suivis de
bérets noirs ornés à gauche d'une plume en bataille. La
foule applaudit immédiatement, pousse des acclamations,
agite les chapeaux.

Les Tchèques sont cueillis à la descente, entourés,
félicités, aux cris de *Na'zdar,* c'est-à-dire « salut » en
langue tchèque. On se serre les mains, on s'embrasse.
M. Boucart président de l'Union des sociétés de gymnastique, et M. Krug, président du comité d'organisation.
leur souhaitent la bienvenue, offrent des bouquets et
deux bannières aux couleurs slaves, surmontées d'un
faucon. Puis on essaie de franchir les voies

Véritable ovation

La chose n'est pas si facile qu'on imagine. Le cortège qui n'arrive pas à se former, traverse comme il peut, les salles de la gare pour sortir.

Dans la cour, le spectacle est plus enthousiaste encore Pour n'être pas isolé par les poussées répétées de la foule, nous sommes obligé de nous glisser, parmi la musique de l'Union Nancéenne. Ayant alors nos coudées presque franches, nous pouvons regarder autour, à loisir. Tout est envahi. Sur l'arc de triomphe dressé l'entrée du square Thiers, face à la gare, sur les grilles de clôture, sur les omnibus, dans les arbres, des hommes. des enfants se sont installés, redoublant leurs vivats chaque fois qu'un Tchèque apparaît dans la masse.

Le cortège organisé contourne le square Thiers, pour joindre la rue du faubourg Saint-Jean. Durant le trajet jusqu'à la place qui fait suite, c'est la même ovation redoublante pour ces Gymnastes venus à Nancy en dépit des difficultés suscitées par leur gouvernement.

Des fenêtres, des balcons, nombre de bouquets leur sont jetés. Les femmes secouent leurs mouchoirs, se penchent pour mieux voir ces hommes à costume étrange, veste beige avec des simulacres de brandebourgs, pantalon beige emprisonné dans des bottes à l'écuyère.

Sur la place Saint-Jean

La première halte a lieu devant un monumental arc de triomphe élevé au haut de la petite place Saint-Jean, vis-à vis la rue du même nom dévalant vers la cathédrale. En voici la description sommaire : deux piles carrées, sur lesquelles sont simulées des fenêtres gothiques ; au long entre les meneaux et sur des draperies rouges pour fond, des portraits en grisaille, des croix de Lorraine, les

armes de Nancy et des principales villes de Bohême.
Au faîte couronné de banderolles tricolores et sur exergue : *à nos frères les Sokols*, un Tchèque en costume
national tient un drapeau Tchèque, la hampe appuyée
au pied. Sous l'arc, un motif grandiose : la République
brandissant une palme et une couronne.

Après la pluie intense de la nuit et la matinée, le
temps, qui s'était remis au beau, commence à se gâter.
Des nuages noirs chargés de pluie montent. La foule
s'inquiète et s'effare.

Pendant, les Tchèques se groupent devant l'arc.
Mme Krug offre un bouquet au président de la délégation, M. Podlipny.

M. Boucart adresse une allocution aux Sokols, embrasse le député Tchèque qui répond en quelques
paroles émues dont voici les dernières :

Aujourd'hui, nous sommes si heureux de vous retrouver
ici que je ne peux dire ma joie; moi, tous mes frères
sokols et toute la Bohême, nous crions du fond du cœur :
« Vive la France ! »

La foule répond : « Vive la Bohême ! »
Après une gentillette réponse du président de la Société des Sokols de Paris, à quelques paroles de M. Sansbœuf et soulignée d'applaudissements frénétiques, le
cortège se remet en marche par les rues Saint-Jean,
Saint-Dizier, Stanislas, où, malgré une légère averse
persiste la même ovation pour les Tchèques.

Sur la place Stanislas, la foule est plus nombreuse
encore que dans les rues ; si nombreuse qu'en face de
l'Hôtel de Ville, un commencement de bousculade, vite
réprimé, se produit.

Enfin le cortège atteint le Grand-Hôtel à l'encoignure
de la rue Sainte-Catherine. Les Sokols déposent les bannières chez leur président, le docteur Podlipny, et se

séparent pour se rendre dans les gîtes qu'on leur a retenus d'avance.

A trois heures, la foule est dispersée. La place a repris sa physionomie habituelle; seules, quelques personnes stationnent encore çà et là, commentant la mâle attitude de ces braves gens.

Samedi soir, minuit. — Je vous écris ces quelques impressions sur les derniers faits de la soirée. De ma vie, je n'ai vu pareil entrain, ou, pour mieux dire, pareil enthousiasme.

Cette fête, primitivement consacrée aux seules sociétés de gymnastique, se transforme en une vraie solennité patriotique. Le voisinage de la frontière, les menaces allemandes, les tracasseries suscitées aux sociétés étrangères par leurs gouvernements respectifs, ont si bien chauffé l'opinion, que M. Carnot sera reçu et acclamé, non pas comme un fonctionnaire, mais comme un citoyen personnifiant l'idée française, teintée d'un certain espoir de revanche.

Ces réflexions m'avaient été suggérées par l'accueil fait aux Gymnastes Tchèques. Les diverses réceptions des sociétés étrangères arrivées dans la soirée me confirment dans cette idée, sans compter l'attitude crâne de la population nancéenne qui proteste à sa manière.

C'est donc à cette pensée de patriotisme militant que sera dû, sans contredit, l'éclat des fêtes de Nancy.

Sociétés étrangères.

Comme bien l'on pense, c'est pour elles que les Nancéens ont réservé toutes leurs gâteries. Ils avaient trop bien débuté dans la réception des Gymnastes Tchèques, auxquels l'on glissait de force des bouquets de fleurs dans les mains, pour se ralentir quand arrivèrent les sociétés belges, suisses et luxembourgeoises. Même accueil chaleureux, mêmes souhaits fraternels de bienvenue.

Et, comme si ce n'était pas assez, le soir, à neuf heures, à l'Eden, eut lieu une réception d'ensemble. Dans la salle de spectacle, chaque société étrangère fut donc solennellement introduite pour écouter les discours écrits à son intention et l'hymne national de son pays, toujours suivi de la « Marseillaise. » Ce fut une débauche de sentiments sur la fraternité, une débauche de musique, une débauche de hurrahs et de salves selon les formes.

Est-ce le désir d'exercer une hospitalité princière envers les étrangers qui anima les Nancéens ? Je l'ignore ; mais le fait est qu'en même temps, dans une salle à côté, des flots de bière gratuite emplissaient sans relâche les hanaps des assistants, comme aux bons temps de la chevalerie. Ah ! dieu de dieu, mes amis, ce qu'on en fit disparaître ! Mais il faisait si chaud ! Somme toute, ce fut une réunion familiale ; c'est le mot rendant plus nettement ma pensée, parce qu'on fraternisait davantage, en se sentant les coudes, et qui s'acheva vers onze heures et demie.

A la salle Poirel

Malgré la camaraderie, les discours un peu échauffés, même chauvins des orateurs, cette séance fut de beaucoup moins longue que celle du Congrès Gymnastique, à la salle Poirel et qui dura cinq mortelles heures, dans l'après-midi.

Ce qu'on y discuta? Les intérêts de l'association, puis le lieu de rendez-vous pour le Congrès de l'an prochain. D'après les décisions adoptées, c'est Alger. En 1894, Lyon ou Lille ; en 1895, Bordeaux. A noter Alger ; le prétexte tout trouvé pour un voyage de M. Carnot en Algérie.

Si les résolutions du Congrès sont maintenues, nous estimons que les villes ci-dessus désignées feront oublier difficilement Nancy, car ce n'est pas seulement envers les gymnastes que la ville est généreuse, c'est également envers le Président de la République.

Cadeaux au Président

Un des principaux est un fauteuil rappelant l'histoire de la ville, exécuté de toutes pièces et créé par M. Donot, sculpteur à Nancy. Le fronton comporte des attributs militaires grecs, plus un bonnet phrygien emboîté dans un faisceau d'armes. Le cartouche est orné des initiales de M. Carnot.

Les côtés représentent des guerriers lorrains du temps de Réné II. Les supports consistent en chimères; la palmette porte la date des fêtes de Nancy, un homme du peuple et un soldat de la Convention de 1792, les armes de la Lorraine. La chaîne représente la force de la République, le coussin est brodé à l'écusson Lorrain. Comme bois, noyer naturel·

En outre du vase ciselé offert par le céramiste Gallé, les ouvriers du faubourg Saint-Georges ont décidé d'offrir un spécimen de tonnellerie artistique. Ce sont quatre moitiés de baril en bois précieux, gentiment assemblées à la coupure, et formant ainsi un tonneau minuscule à quatre fonds, disposés perpendiculairement et surmontés d'un entonnoir; tout ça sur un pied ciselé, ceinturé de rinceaux et de thyrses en argent. J'en passe forcément d'autres, car multiples sont ceux qu'on tient en réserve.

Les dames lorraines, ne voulant pas rester en arrière de leurs maris, ont fait pressentir le maire de Nancy, pour obtenir licence d'offrir un cadeau à Mme Carnot.

Le maire a refusé net, mais nos Lorraines ne se tiennent pas pour battues, et l'une d'elles, Mme Emile Muller, marchande de fleurs, envoie un splendide bouquet, que Mme Carnot recevra, au moment juste où le Président de la République passera devant les Halles.

Le café Riche

Si les Lorrains se sont mis en frais pour accueillir, comme il sied, le président, et lui faire oublier, du mieux qu'il se peut, les charmes de l'Elysée, la municipalité nancéenne n'a pas imité un si généreux exemple vis à-vis des journalistes. La plupart d'entre nous ont été envoyés en billet de logement, au café Riche. Ironie des mots !

Le café Riche est une maison à trois étages, s'il vous plait, les uns et les autres vides de meubles.

Le tenancier, un cafetier, ayant été obligé de déguerpir, il va sans dire que l'immeuble est dans un état de délabrement complet.

Pour nous installer, on s'en fut quérir des lits militaires qu'on étendit tels quels à même les planchers.

Et là, nous fûmes parqués vingt au bas mot. Vous pensez si la nuit se fit tout d'une traite sur ces lits mollets !

Le fait est que, sous les couvertures de nos lignards, nous avions absolument la mine des repêchés, exposés à la Morgue, la poitrine ceinturée de laine grise.

Pour être juste, il faut convenir que la municipalité a été débordée et que la faute n'en est pas à elle, et moins encore à M. Vernolle, chargé des relations avec la Presse.

III

NANCY A VOL D'OISEAU
LE PRÉSIDENT DE LA RÉPUBLIQUE
À BAR-LE-DUC

Samedi, dans la journée, avait été affichée sur les murs de Nancy, cette proclamation :

MAIRIE DE NANCY

Mes chers Concitoyens,

Dans quelques heures, M. le Président de la République sera au milieu de nous.

D'un accord unanime et avec un élan qu'aucun obstacle n'arrête, vous avez préparé au chef de l'Etat une réception grandiose.

Sur tous les points de la ville s'élèvent des arcs magnifiques ; tous les quartiers rivalisent de zèle et d'ardeur pour décorer et pavoiser nos rues et nos places.

Vous avez fait d'une cérémonie officielle une fête vraiment nationale et populaire.

Au nom de l'administration, au nom du conseil municipal, je vous en remercie.

Cette manifestation patriotique, préparée en l'honneur de l'éminent citoyen qui représente si dignement la France et la République, aura un écho retentissant et laissera dans tous les cœurs une impression fortifiante et durable !

Vive la République !

Le Maire,

MARINGER.

Dimanche, dans la matinée.

Il me tardait de voir si les remerciements officiels ne tombaient pas à faux et si la fête prenait bien l'allure d'une manifestation nationale et populaire.

Je me lève de bonne heure ; d'ailleurs sur nos matelas de réservistes il est malaisé de fermer l'œil ; puis les clairons, malgré l'heure matinale, sillonnent les rues, relevant la marche cadencée des gymnastes en route pour la Pépinière.

Il est huit heures quand je descends à la rue et déjà il est impossible de se remuer sur les trottoirs. Des nuées de voyageurs descendent les rues en amorce sur le square Thiers, pour arriver vite au cœur de la ville.

Avant de partir pour Bar-le-Duc, une grande heure libre me reste ; j'en profite pour jeter un coup-d'œil sur l'ornementation des rues. Hier soir, on prévoyait bien ce qu'elle serait, mais nul n'aurait imaginé semblable profusion de drapeaux, d'oriflammes, de guirlandes et surtout d'arcs de triomphe.

Ceux-ci sont au nombre de 36, dressés un peu partout. Je note les principaux.

Le plus curieux, à ce qu'on dit, est l'arc du carrefour Saint-Roch, au coin des rues Saint-Dizier, Saint-Georges et Saint-Jean. N'ayant aucun motif de contrarier ces braves Nancéens, je souscris à tout ce qu'ils veulent.

Un autre, à côté, n'est pas moins remarquable. C'est rue des Dominicains, à l'angle de la rue Saint-Georges, l'arc de l'Union Vélocipédique et de la Société Nautique de la Meurthe ; deux colonnes formées par des périssoires soudées ensemble par le fond extérieur et maintenues debout. Disposés en éventail et tout au long du cintre, des avirons, des roues de bicyclettes, de la mousse.

Place du Marché, est un autel de la Patrie dominé par la statue de la République. A côté, un arc dans le même style, colonnes et cintre en tons grisaille, surmontés d'un lion symbolique et des tables de la loi. Cet arc, par sa facture sévère, se rapproche de ceux élevés par l'Ecole Forestière et la Compagnie de l'Est.

La Compagnie surtout mérite d'être notée, parce que dans ses motifs de décors, elle a fait preuve d'un goût exquis. Je détaille l'ensemble de ses préparatifs ; par une large baie tendue de draperies en velours rouge frangé d'or, on accède du quai d'arrivée, en traversant la salle des bagages de la gare, à un salon assez gracieusement improvisé au moyen de tentures rouges, doublées de tapisseries vert d'eau. De ce salon provisoire, on débouche sur le trottoir extérieur, abrité d'une superbe marquise dont la charpente verte sertie de mousse, est çà et là piquée de fleurs rouges.

Devant, se dresse alors l'arc de triomphe élevé par la Compagnie de l'Est. Ses solides proportions produisent un grand effet.

De là, tout curieux, pour descendre dans la ville, a le choix entre trois rues principales : les rues Saint-Jean, Gambetta et Stanislas. Trois noms singulièrement accouplés. Maintenant, le choix en est malaisé, car ces trois rues rivalisent pour la splendeur des décors. Quand je dis trois rues, c'est toutes qu'il faudrait plutôt, car nulle n'existe qui n'ait pas sa double rangée de mâts chargée de multiples drapeaux, et rejoints entre eux et dans tous les sens par des cordons de mousse, des guirlandes et des cordes d'où pendent en abîme sur la rue, encore des drapeaux, et des ballons orange pour le soir. Par des chiffres, qu'on juge de la réalité. On a fait venir d'abord 26, ensuite 25 voitures de mousse empilée ; au troisième tour, c'étaient 30 wagons.

Les maisons particulières, si l'on peut dire, avaient encore distancé l'initiative officielle : aux fenêtres, aux balcons, partout des drapeaux, mais pas seulement tricolores cette fois ; avec les nôtres, flottent aussi les drapeaux lorrains et russes. Très patriotes ces Nancéens ; d'ailleurs, comme nous l'écrivions, dans l'air il y a certaines idées de revanche, qu'on est aise de respirer.

Des monuments religieux, rien à dire : le pavoisement est correct, sauf la cathédrale où, sur trois faisceaux de drapeaux arborés en façade des tours, un probablement a été cloué par le clergé.

On le devine à l'exergue placé sur l'écusson : *Dieu protège la France.* Il y a gros à parier que cette devise n'a pas été mise là par les édiles nancéens.

Après une fugue hâtée dans les faubourgs, où je note comme superbement pavoisées les différentes portes de la caserne Thiry des 69ᵉ et 26ᵉ de ligne, le 26 , ce même régiment qui rentra le premier dans Nancy, sitôt les Allemands filés, je m'oriente à nouveau vers l'Hôtel de Ville, par la place Carrière. Aux fenêtres de l'Hôtel du gouvernement, les drapeaux s'alignent, hissés au long de la balustrade, et sur les arcades s'arrondissant aux deux extrémités. Ces couleurs tricolores, sur les pierres teintées par les pluies, sont d'un effet pittoresque dans cette grande baie lumineuse.

Mais, place Stanislas, le coup-d'œil dépasse tout ce que j'ai vu jusqu'alors.

Les maisons XVᵉ siècle, face à la statue du Bon Roi Lorrain et sur la rue Héré, le cercle militaire, le théâtre municipal, les hôtels particuliers disparaissent sous les étendards, on dirait tout autour une flottante draperie aux couleurs Françaises et Lorraines, interrompue seulement vers l'Evêché, où quinze drapeaux, pas plus, boudent comme leur maître, aux fenêtres closes.

Par bonheur, le temps est clair sans menace de pluie, malgré des nuages gris qu'un bon vent promène. L'Hôtel de Ville, avec ses 74 mètres de façade, est merveilleux à voir. Sous la lumière crue, les moindres sculptures ressortent, même celles de la galerie à la lisière des toitures dont les détails apparaissent dans leur grandiose beauté. Ma parole ! avec les grilles de Jean Lamour, ces belles grilles ouvrées, de préférence celles à l'entrée de la Pépinière et sur la fontaine de Neptune, dont les ors s'enlèvent avec netteté sur les arbres massés derrière, c'est le plus curieux décor qu'on puisse imaginer.

Mais il ne faut pas s'attarder trop.

L'heure du rapide me talonne. Un dernier regard circulaire, de ceux qu'on jette aux lieux quittés à regret, et je gravis la rue Gambetta.

Est-ce parce que dans mon esprit les souvenirs patriotiques d'antan se marient aux idées présentes, mais je trouve cette rue faite pour les yeux. En bordure des trottoirs, montent deux rangées de mâts pavoisés, reliés l'un à l'autre par des guirlandes de mousse.

Les cordons d'oriflammes, croisés sur la rue, esquissent sous le vent qui fraîchit, une manière de voûte mobile que la distance épaissit et rapproche de terre.

Quand j'arrive à la gare, il est 10 heures 20, en route pour Bar-le-Duc.

M. Carnot était parti le matin même de l'Elysée. Deux voitures avaient vivement emmené vers la gare de l'Est, le Président de la République et sa suite, le général Brugère, les colonels Chamoin et Dalstein, les commandants Pistor et Courtès-Lapeyrat, M. Tranchau, chef du secrétariat particulier de la Présidence.

Une foule compacte, stationnant dans la cour avait accueilli par des cris très nourris de « Vive Carnot ! vive la République ! » l'arrivée des voitures présidentielles.

Le cortège avait été reçu à la gare par MM. Loubet, président du Conseil ; Bourgeois, ministre de l'Instruction publique ; Van Blarenberghe, président du conseil d'administration de la Compagnie ; Barabant, directeur de la Compagnie ; Solnoury, directeur de la Sûreté générale et Lozé, préfet de police, auxquels s'étaient joints MM. Reynaud, directeur du cabinet et du personnel au ministère de l'Intérieur; Marly, secrétaire particulier de M. Loubet; Sellier, chef du secrétariat du ministre de l'Instruction publique, et les membres de la Presse admis dans le train présidentiel.

Après examen attentif des deux wagons que la Compagnie de l'Est, sur les plans de M. Flamand, ingénieur du matériel et de la traction, avait fait spécialement construire en vue du voyage à Nancy, et surtout de la machine 803, nouveau type à deux bouilleurs, dont les armatures et les montants étaient ornés de feuillages et de drapeaux, M. Carnot avait regagné le wagon n° 8 qui lui était destiné, suivi de MM. Loubet, Bourgeois, du général Brugère et de M. Tranchau.....

Nous notons le n° 8 parce que le train présidentiel comprenait, outre ces deux wagons, deux voitures couloirs, deux wagons réservés aux ministres et aux officiers de la maison militaire, un wagon restaurant, un wagon cuisine, quatre voitures couloirs dont une occupée par les journalistes et deux fourgons.

A 8 heures 40, quand le train qui avait ainsi une longueur de 140 mètres s'est mis en marche, sur l'ordre donné par M. de Sabatier, les personnes présentes à la gare s'étaient découvertes en poussant des cris de « Vive Carnot. »

Pour répondre aux vivats des deux mille personnes rangées sur les quais ou le long des voies, le Président de la République était resté à la portière jusqu'après le pont de la rue Lafayette.

A 10 heures 15, le train arrivait à Château-Thierry où M. Develle, maire et député de cette ville, adressait à M. Carnot quelques paroles de bienvenue, pendant que la foule acclamait sans relâche.

Même accueil à Châlons. M. Carnot, descendu là quel-

ques minutes, était reçu par le général Jamont, le préfet
de la Marne et le maire de Châlons. Après les compli-
ments officiels, et l'offre d'un bouquet de fleurs par une
jeune fille, le Président partait pour Bar-le-Duc aux
applaudissements d'une foule considérable.

A midi 35, quand la salve traditionnelle de 101 coups
de canon, tirée sur l'esplanade du Château, signale l'arrivée du train, il pleut à verse. M. Carnot et sa suite
sont reçus dans un salon de la gare tendu de velours
vert et décoré de drapeaux tricolores, par le maire de
Bar-le-Duc, qui lui souhaite la bienvenue.

Je reproduis maintenant et mot pour mot, les dépêches
que j'envoyais à Paris. « Dans la cour de la gare, décorée
d'arbustes verts où se balancent les lampions pour les
illuminations du soir, M. Carnot monte en voiture avec
le général Jamont, le maire de Bar-le-Duc et le
général Brugère. Des gendarmes et un peloton de
chasseurs venus de Saint-Mihiel galopent en avant; le
colonel Sauvet, du 94ᵉ d'infanterie de ligne et le commandant de gendarmerie Henry font escorte aux portières.

Très crâne l'attitude de M. Carnot qui, malgré les
averses cinglantes, ne veut pas qu'on relève la capote de son
landau et s'obstine à rester nu-tête sous la pluie; la foule
en sait gré au Président, car les cris enthousiastes redoublent, malgré qu'on n'acclame guère sous les parapluies.

C'est vraiment dommage que le mauvais temps
vienne gâter la beauté de ce parcours, par la rue de la
Gare, où dès l'entrée se dresse un arc de triomphe avec
cette double inscription : *Bienvenue à Carnot, Vive la
République !*

Les drapeaux pendent mous et flasques, les guirlandes,
que l'orage n'a pas rompues, sont aplaties contre les
murs. Cette pluie de malheur n'empêche pas Madame

Varin-Bernier, femme du Conseiller général, de se présenter en tête des dames déléguées par le Conseil municipal, pour offrir un bouquet à M. Carnot au nom de la plus aimable moitié de la population. Accompagnent le bouquet : une bouteille de vin Pinau, nectar délicieux célèbre là bas ; une douzaine de pots de confitures, vraie cascade de friandises dont le Président remercie et comblen aimablement, pas n'est besoin de le dire.

Puisque je parle de délégations, rue Entre-Deux-Ponts, en voici bien d'une autre : Tout le long, sont rangés des ouvriers appartenant aux tissages mécaniques, aux ateliers de peinture sur verre, aux brasseries de Bar-le-Duc, aux forges de Pont sur-Saulx, aux papeteries et bleuteries de Jean-d'Heurs, etc..., qui applaudissent à outrance. Ils ont nommé des délégués à raison de cinq par atelier, pour défiler devant M. Carnot.

Cette manifestation et celle des dames de la ville sont les deux caractéristiques de la visite de Bar le-Duc.

Toutes les réceptions officielles se ressemblent, et surtout les discours. Cette fois, exception doit être faite pour l'allocution de Monseigneur Pagis, évêque de Verdun. C'est une adhésion complète à la République, capable de motiver d'importants événements religieux.

En voici les passages les plus marquants :

« Nous acceptons franchement, nous acceptons loyalement, sans arrière-pensée, la forme gouvernementale dont vous avez la garde, et que notre pays s'est librement donnée.

Sur ce point, je vous prie de croire à ma sincérité parfaite. Notre attitude, à mon avis, mal comprise, a donné lieu à des malentendus, à des méfiances, à des conflits qui ont provoqué des rigueurs regrettables. Je le déplore et désire de tout mon cœur que les désaccords disparaissent et que l'union se fasse dans la paix.

Un gouvernement est inébranlable quand il peut compter sur toutes les forces vives du pays. J'estime que les forces catholiques sont les premières par l'importance et par le nombre. Nous vous les offrons, monsieur le Président, acceptez-les. »

Voici la réponse de M. Carnot à ce beau discours épiscopal qui repose de la phraséologie restrictive coutumière aux prélats français :

« Je vous remercie des paroles que vous venez de prononcer. Elles émanent d'un cœur chaud et respirent la loyauté et la droiture. Je suis convaincu que tous les membres du clergé sont animés des mêmes sentiments patriotiques. Vous avez parlé de l'union de tous les Français. C'est bien là ce que nous désirons : l'union de tous les Français sous la loi de la République. »

Pendant les réceptions, la pluie battante a cessé, et maintenant règne un temps doux, malgré que le ciel reste couvert.

Superbe est alors la promenade par les rues de la ville, pour se rendre au lycée, à l'école normale d'instituteurs, puis à l'hospice civil. A l'hospice, M. le docteur Bryon, vice-président de la Commission administrative de l'hospice, a la bonne idée d'exprimer tout haut ce que chacun pense tout bas, en remerciant le *digne héritier d'un illustre nom, le chef de l'Etat qui tient d'une main si sage, si loyale et si ferme, notre cher et glorieux drapeau,* d'être venu donner ses consolations aux malades.

Il fait mieux encore que de prodiguer ses consolations, le Président ; il prodigue sa bourse. Au départ, 1,200 francs étaient remis au maire pour diverses œuvres de bienfaisance.

La dernière manifestation se produit quand le train rase la caserne de hussards contiguë au chemin de fer. Les soldats groupés sur le perron saluent respectueusement le Chef de l'État.

A Commercy, 10 minutes seulement d'arrêt. Le 10ᵉ hussard rend les honneurs militaires.

« Je regrette de ne pouvoir m'arrêter plus longtemps dans votre ville qui est une ville laborieuse et dont j'aurais aimé à visiter les belles usines. »

Ainsi répond le Président à M. Grosdidier, maire de Commercy exprimant ses regrets que la visite soit si brève.

Puis, viennent à la file saluer M. Carnot, les généraux de Vaulgrenant, Godard, de Salles, le Conseil municipal, le Tribunal de Saint-Mihiel, les officiers de la garnison. Le Clergé de Commercy et des communes suburbaines, fait une ovation enthousiaste que la foule continue.

Donnant, donnant, dit le proverbe.

Après la remise de plusieurs Croix d'honneur et du Mérite agricole, deux fillettes offrent des bouquets; quatre autres, des corbeilles d'osier débordantes d'appétissantes madeleines.

Tout ce gentil petit monde embrassé, remercié, le train file à toute vapeur vers Nancy, en s'arrêtant à Toul, juste le temps de prendre MM. Stéhélin, préfet de Meurthe-et-Moselle, Volland et Marquis, sénateurs, Mézières, Cordier et Papelier, députés.

De M. Barrès, nulle nouvelle.

Quelqu'un prétend qu'il est retenu à Nancy pour arborer des drapeaux russes à ses fenêtres, et faire pièce à l'arrêté municipal. C'était peine perdue, car le Conseil nancéen, dans la très louable intention d'éviter tout pré-texte de conflit, avait seulement prohibé le drapeau Al-sacien, proprement dit, les drapeaux cravatés de crêpe, et les emblèmes avec devises, rappelant l'Alsace et son démembrement de la mère-patrie. »

IV

ARRIVÉE DU PRÉSIDENT A NANCY

LE DÉFILÉ DES TROUPES. — LA SOIRÉE

Entre tous ses voyages par la France, je doute que le Président ne garde pas dans ses souvenirs une place à part pour son excursion dans l'Est. C'était inévitable ! le voisinage de l'Allemagne ne se supprimant pas, cette proximité de la frontière donnait à cette visite, après les essais d'intimidation allemande, un caractère vraiment patriotique. Puis, les menaces d'Outre-Rhin avaient été si multipliées, que même les plus sages n'étaient pas sans redouter que des événements graves s'ensuivissent. Pour ces causes excitantes, un emballement pouvait se produire chez les Nancéens, malgré leur tempérament calme, réfléchi, pondéré, et alors.....

Les craintes étaient d'autant mieux fondées, qu'il y avait eu une vraie invasion d'Alsaciens à Nancy : mais peu à peu l'on revint de ses inquiétudes quand on vit tout le monde se tenir sur une prudente réserve, sans toutefois paralyser l'entrain général.

Pour narrer l'arrivée du Président, je cite derechef les dépêches que j'adressais le soir même à Paris.

Dimanche 7 heures. — « Le Président de la République devait arriver à Nancy vers 5 heures. Par un fâcheux contretemps, la pluie commence à tomber et redouble quand, à 4 heures 20, le 79ᵉ de ligne, musique en tête, prend position dans la cour de la gare pour contenir la foule, car tout est littéralement envahi. Alors, entre les deux files du 79ᵉ formant la haie jusqu'au quai, arrivent les personnages officiels : le général de division Brault, les sénateurs et députés du département, le préfet et son conseil de préfecture, le maire, M. Maringer, MM. Guérin, Monnier et Dusaulx, adjoints, et le Conseil municipal.

En arrière, se massent les autres personnes admises à pénétrer sur le quai; les membres de la presse sont adossés à la musique du 79e de ligne. Les employés de la gare sont en face, sur deux lignes.

Enfin le canon tonne, les cloches sonnent en volée. Dans le lointain, une locomotive siffle, chacun se range et se recule vers le mur; puis la tête de la machine, pavoisée de drapeaux et de guirlandes vertes, débouche sous le pont. Il est 5 heures 2.

Vis à vis la portion du quai revêtue d'un tapis, le wagon présidentiel stoppe, et M. Carnot apparaît sur la plate-forme, entouré de sa maison militaire. Tout le monde, nu tête, applaudit, crie : « Vive Carnot » pendant que la musique du 79e de ligne joue la *Marseillaise*.

Après un échange de poignées de mains et de salutations, M. Maringer, maire de Nancy, qui s'est démené plus que de raison tous ces jours, harangue ainsi M. Carnot :

« Par l'accueil qui vous sera fait dans cette ville, vous verrez combien la population si patriotique de Nancy, est profondément dévouée au Gouvernement, dont vous êtes le Chef puissamment respecté ».

« C'est avec empressement, répond le Président que j'accueille l'invitation qui m'est faite de venir à Nancy. C'est avec joie que je mets aujourd'hui les pieds dans votre ville ».

Quand M. Carnot a traversé la portion de la gare réservée aux bagages et fort élégamment décorée, les acclamations recommencent et redoublent à l'entrée de la cour extérieure. La foule enthousiaste crie sans relâche : « Vive Carnot » et quelquefois ; « Vive la Lorraine », pendant que les voitures s'arrêtent au bas de la marquise provisoire, pour cueillir les personnages officiels.

Attendant d'ouvrir la marche, des gendarmes et un peloton du 12e dragons, commandés par un lieutenant-colonel, s'alignent sous l'arc de triomphe de la compagnie de l'Est. Telle est l'ordonnance merveilleuse de ces troupes, que pas un cavalier ne se hausse sur les étriers, pour voir. On dirait les hommes immobilisés sur la selle. Au signal, le landau présidentiel, suivi des autres voitures emportant les invités, se dirige vers la rue Mazagran, au trot vigoureux de six chevaux attelés à deux, pour atteindre la porte Stanislas. A cet endroit, c'est le 37e de ligne, le régiment de Turenne et La Tour-d'Auvergne, qui forme la haie.

Derrière notre voiture, la 21e sur 30, galope un colonel d'état-major suivi de quelques officiers. La foule, tassée aux façades des maisons ou sur les trottoirs, applaudit le bel officier à martiale allure, et, mon Dieu ! je le dis sans fausse modestie, nous distinguons parmi, à maintes reprises, de bonnes et solides voix d'hommes crier énergiquement : « Vive la presse parisienne. »

Après force pauses, l'on arrive enfin à la statue de Jeanne-d'Arc. Ce qu'elle est ornée la statue de la bonne Lorraine ! Un dôme de verdure appuyé sur des canons et des gabions la domine, et sur un écusson qui pend, on lit, rappel d'une solidarité touchante : *Union des femmes de France.*

Malgré la distance qui nous sépare alors de la voiture présidentielle, nous percevons toujours les clameurs incessantes de la population fêtant M. Carnot.

Le débouché sur la place Saint-Epvre est saisissant. Aux fenêtres, on agite les chapeaux et les mouchoirs.

Des escaliers de l'église où les curieux s'étagent, des

acclamations nourries s'élèvent et se prolongent dans les arbres de la Pépinière.

Devant l'hôtel du Gouvernement, le temps, jusque là resté aux écoutes, devient menaçant.

Des nuages noirs, lourds de pluie se coulent dans le ciel, et jettent sur la flèche de Saint-Epvre une teinte attristante.

Mais nous n'avons pas le temps de regarder. Notre landau, — nous n'y avions pas droit, à ce qu'il paraît, mais allez donc empêcher un journaliste d'escalader une voiture vide — notre landau nous emporte vers la place Stanislas, entre deux files d'arbres touffus et verts, en passant devant le Tribunal de Commerce et quelques autres monuments.

Nous avons à peine franchi l'arc de triomphe de Louis XV, dans la rue Héré, que la pluie commence de tomber.

Mais à cette pluie nous ne prenons pas garde, tout à observer le désappointement de la foule, ainsi trompée dans sa curiosité, car le bruit que le défilé n'aurait pas lieu se précisait déjà.

Le landau présidentiel, toujours précédé d'un peloton du 12ᵉ dragons, est arrivé devant l'Hôtel-de-Ville, et le Président s'installe au balcon, sous une tente-abri bordée de velours rouge à crépines d'or, quand nous mettons le pied sur le trottoir.

Lorsque la dernière voiture du cortège, suivie du petit lot de gendarmes à cheval fermant la marche, a disparu, le général de division fait évacuer la place par les troupes restées là, pour commencer le défilé.

Du balcon de l'Hôtel-de-Ville où je me suis casé, mais non sans peine, le coup d'œil est imposant. Aux fenêtres des hôtels environnants, du cercle militaire et du théâtre, c'est un fouillis de dames en claires toilettes. Vers la rue Héré, les toitures en terrasse des maisons sont noires de monde ; en bas, c'est la foule bruyante, avide de voir, qui s'est glissée jusque derrière les officiers sans armes, rangés contre la statue du roi Stanislas.

Après avoir salué de l'épée, le général Brault entouré de son état-major, va prendre position vis-à-vis de M. Carnot.

Comme si la pluie n'attendait qu'un signal, à la première sonnerie de clairon les cataractes du ciel s'ouvrent.

La foule ne bronche pas, elle reste pour applaudir après le génie, le 37ᵉ de ligne s'avançant par colonnes de section, sous les ordres du général Jolivet. Quand le 69ᵉ et le 26ᵉ, ce dernier, le régiment de Blandan, passent devant M. Carnot entouré des membres du gouvernement, du maire, des généraux Jamont et Brugère, des sénateurs et des députés, la pluie jusque là supportable se change en furieuses averses. Ce sont des torrents que de gros nuages versent à plaisir sur nos régiments qui scandent le pas comme à la parade, sans rompre les lignes. La place est maintenant un véritable lac où nos petits soldats pataugent impassibles.

Et le défilé continue toujours, comme si le temps restant beau, un gai soleil plaquait des éclairs au long des baïonnettes. Il semble même qu'on ne soit pas pressé d'en finir. Pas un soldat n'empiète sur l'allure réglementaire. Et pourtant ce qu'ils devaient être vanés de fatigue nos pioupious ! Sitôt le cortège présidentiel passé, ils s'étaient prestement repliés vers les rues confinant à la place Stanislas, pour ce défilé remplaçant la revue de Malzéville.

Devant cette belle allure martiale, la foule retenue derrière les musiques militaires, acclame nos troupiers, le 8ᵉ régiment d'artillerie et le 12ᵉ dragons, dont chacun admire la solide marche en files.

A ce moment la pluie cesse, une éclaircie se produit.

La foule qui n'est plus occupée de se garantir, applaudit à tout rompre.

L'orage déchaîné sur Nancy de 6 à 7 heures, modifie nécessairement le programme, et la promenade du soir à la Pépinière est supprimée. Les nancéens qui se faisaient fête de cette promenade à leur jardin public illuminé, en sont navrés, mais le vent avait tellement culbuté les lanternes vénitiennes et empli d'eau les lampions, qu'il était impossible de s'obstiner. On se rabat sur le gaz ; en un clin d'œil, l'Hôtel-de-Ville et la Préfecture s'embrasent et sur les façades courent des rampes de feu qui, sous le vent, ondulent comme un champ de blé sous une brise trop forte.

Il est dix heures, nous sommes plusieurs au café de l'Opéra, en train de digérer la charmante invitation du docteur Stoebber et de Léon Goulette, quand les accents d'une musique militaire amènent dehors toute la tablée : MM. Bertol Graivil, Mallat de Bassilan, Paul Dreyfus, etc.

Ce que nous voyons alors est fantastique, pendant que s'organise le départ de la retraite aux flambeaux

Devant nous, si loin que porte le regard, des têtes se meuvent et s'agitent, s'écartent devant les soldats armés de falots et de lanternes, pour se refermer aussitôt.

Au milieu, dans l'atmosphère toujours brillante au-dessus des points éclairés, les bâtiments ceinturant la place semblent grandir, émerger de la masse, participer à ce mouvement de houle. Pour animer cette scène, des cris sans cesse répétés de : Vive Carnot ! Vive la République.

D'ailleurs, pour le Président, c'est le commencement d'une série. Salle Poirel, il est accueilli par des salves d'applaudissements si nourris, que M. Courtois, président de l'Union patriotique de l'Est et de la chorale Alsace-Lorraine, place avec difficulté son discours.

A la soirée de gala offerte au théâtre par les étudiants, l'enthousiasme est indescriptible. Tout le monde, debout, agite les bérets, les mouchoirs, chante en chœur la Marseillaise, bat deux bans, suprème hommage ! en l'honneur du Président et de M. Bourgeois, ministre de l'Instruction publique. Les étudiants, qui ont perdu la tête, placent M. Carnot, non dans la loge qui lui était réservée, mais à un fauteuil de balcon, à côté d'une dame Martin, croyons-nous. Les jeunes gens s'excusent.

« Pourquoi vous excuser ? répond M. Carnot, ne suis-je pas mieux ici, étant plus près de vous. »

Nul, s'il n'a vu cette scène, peut l'imaginer. Malgré quelques jours écoulés, j'ai encore dans les yeux, l'aspect de cette salle frémissante et transportée. Au moment de commencer un acte de M. Gouttière-Vernolle, *par le Code*, interprété par des artistes de la Comédie Française, le Président quitte le théâtre pour aller au Cercle militaire. Si les étudiants méritent d'être favorisés, combien davantage les officiers.

M. Carnot, conduit par le général Brault, visite en détail la grande salle, édifiée par le Conseil municipal, admire les décors, paraît au balcon, rentre aussitôt pour calmer les acclamations venues de la place et se dirige vers la table d'honneur sur laquelle un punch est servi.

Alors, devant les officiers de l'armée active mêlés à ceux de la territoriale, le général Brault prend la parole pour remercier le Président et termine par ces mots : « Vous tous officiers qui êtes présents, unissez-vous à moi pour porter le loyal toast au chef de l'Etat. »

Silence profond sur cet autre front de bandière. Mais quand M. Carnot prononce à voix haute, la simple phrase qui suit ;

Je vous demande aussi d'unir mon toast au vôtre et de boire à la 11ᵉ division que j'ai été heureux d'admirer l'année dernière à Vitry, et que j'ai admirée encore aujourd'hui. A la 11ᵉ division ! »

Des applaudissements unanimes éclatent suivis d'un battement de toutes les mains.

Quelques instants plus tard, M. Carnot quittait le Cercle militaire pour se rendre à la Préfecture, emportant comme souvenir matériel de sa visite, une corbeille de fleurs sertie d'un ruban tricolore, avec cette inscription : *Les officiers de la garnison de Nancy à Mme Carnot.*

V

DÉFILÉ DES GYMNASTES. — EXCURSION A MALZÉVILLE

Mais les gymnastes? que sont devenus les gymnastes ceux que j'avais vus vendredi soir à la gare de l'Est, escalader si joyeusement le train en partance, et tous ceux accourus des quatre coins du pays?

L'Est Républicain, nous renseignant mieux qu'un autre, je le cite tout au long.

Le programme officiel annonçait : concours de gymnastique, dimanche à cinq heures du matin. Cette heure matinale nous surprit un peu, et pas trop à tort puisque le concours ne commença qu'à sept heures.

Cependant, dès cinq heures et demie, des sociétés de gymnastique commencent à arriver à la Pépinière. Et d'instant en instant, les sociétés se succèdent.

Le ciel est à peu près pur ; le soleil brille radieux ; une brise fraîche et légère souffle : tout fait espérer une journée splendide.

Rapidement, les gymnastes gagnent leurs tentes, se dépouillent des vêtements ou objets qui les encombrent et viennent prendre place dans l'espace réservé au concours.

A sept heures, toutes les sociétés sont en place.

Les membres du jury ont élu : pour président M. Groetzinger ; secrétaire du jury, M. Larue ; président du jury du brevet de l'Union, M. le commandant Labarre ; secrétaire, M. Cazier.

Les sociétés sont partagées en trois divisions, plus une division spéciale. Ne peuvent faire partie d'une division supérieure que les sociétés ayant obtenu déjà des prix dans une division inférieure. Les trois premières divisions doivent exécuter les mouvements imposés pour le concours.

Quant à la quatrième division, les exercices ne lui sont pas fixés d'avance.

Les trois premières divisions exécutant les mouvements imposés travaillent dans le carré du concours hippique; a division spéciale, dans le carré opposé.

Les exercices de course ont lieu sur la terrasse de la Pépinière.

Bien des curieux, malgré l'heure matinale, sont venus pour jouir du coup d'œil vraiment superbe, qu'offrent toutes ces sociétés aux uniformes divers et bariolés. Mais, vain espoir, on refuse impitoyablement dans l'enceinte du concours, toutes les personnes étrangères aux sociétés. Aussi une foule nombreuse s'était-elle répandue dans la Pépinière et lui donnait une animation particulière.

A neuf heures, le ciel commence à se couvrir d'une façon inquiétante. On prévoit déjà l'effroyable pluie de la soirée.

Ne voulant rien préjuger, nous ne signalerons pas les nombreuses sociétés qui se sont distinguées par leur excellent travail; nous aimons mieux attendre la décision du jury.

Disons cependant que les Sokols ont travaillé d'une manière telle, qu'ils ont plusieurs fois soulevé les applaudissements des sociétés rivales.

A onze heures et demie, la première partie du concours est terminée; les gymnastes regagnent leurs hôtels respectifs.

Le ciel se couvre de plus en plus, bientôt il devient menaçant.

Rendez-vous avait été donné à toutes les sociétés, pour une heure, boulevard Lobau.

A deux heures, toutes les sociétés sont arrivées. La tête de la colonne se trouve placée en face de l'école professionnelle. Les fanions se mettent à droite de chaque section.

Le cortège est divisé en quatre groupes sous le commandement de chefs de groupe portant les insignes suivants : 1" groupe, rouge; 2° groupe, vert; 3° groupe, bleu; 4° groupe, jaune.

Le moniteur général, M. Antoine, porte une écharpe aux couleurs tricolores.

Le premier groupe comprend le drapeau fédéral et les sociétés de Limoges; les drapeaux et les délégations des associations régionales, les différents comités, le jury, les commissaires et les gymnastes étrangers.

Le deuxième groupe est formé par les sociétés éloignées de plus de 500 kilomètres.

Les sociétés moins éloignées sont réparties dans les autres groupes suivant leur ordre d'inscription à l'Union.

Les gymnastes sont tous en tenue de travail et portent leur vareuse sur le bras gauche.

Pendant que les sociétés s'organisent pour le défilé, le ciel s'est assombri; le vent s'est peu à peu élevé; des tourbillons de poussière arrivent, la pluie tombe fine et continue; les nombreux spectateurs ouvrant leurs parapluies, donnent à la rue un air pittoresque.

Des grappes humaines se montrent à toutes les fenêtres où doit passer le cortége. Une double haie est formée dans les rues.

A deux heures vingt, le défilé s'ébranle.

C'est un spectacle vraiment grandiose que ces 130 sociétés aux uniformes multicolores, ces drapeaux flottant fièrement au vent, cette attitude mâle et guerrière des gymnastes.

Rendre compte de tous les incidents nous est à peu près impossible. Pendant tout le trajet, les bravos frénétiques, les acclamations enthousiastes n'ont cessé de retentir.

Ces applaudissements s'adressaient évidemment à tous les gymnastes en général, mais particulièrement aux sociétés étrangères suisses, luxembourgeoises, belges, à l' « Alsace-Lorraine » de Paris, mais surtout aux Sokols· Ces derniers ont été l'objet d'une ovation continue. Dès qu'ils apparaissent, les cris frénétiques de « Vive les Sokols! Vive la Bohême! » éclatent. Les Sokols répondent par : « Vive la France! » par « Na'zdar! » ou se contentent de saluer.

Précisons pourtant un peu : rue Saint-Georges, on leur jette des confetti tricolores; au Carrefour du Point-Central, on leur offre des bouquets.

A la brasserie Lorraine, on apporte des bouquets, la musique de Lunéville, placée devant la brasserie, joue l'hymne national tchèque que tous les Sokols chantent en chœur.

Aux Galeries-Nancéennes, c'est une véritable pluie de fleurs.

En passant devant l'arc de triomphe élevé en l'honneur des Sokols, ces derniers se découvrent et crient : « Vive la France! » Devant la statue de Thiers « l'Union » joue la *Marseillaise*. Aux fenêtres du café des Deux-Hémisphères se trouvent les Dames patronesses; elles saluent en agitant leurs mouchoirs et la foule leur fait une ovation. D'une des fenêtres de la maison sise au coin de la rue Mazagran et rue Gambetta, tombent des bouquets; signalons aussi quelques fleurs dans la rue Stanislas, et une grande quantité sur la place Stanislas et dans la rue Héré.

Devant la maison qui fait l'angle de la rue Stanislas et de la place, les Suisses s'arrêtent et chantent un hymne suisse.

Au balcon de l'Hôtel de Ville, se trouvent la municipalité et les invités qui acclament longuement les gymnastes, mais particulièrement les Sokols. Le cortège s'arrête pendant quelques minutes pour permettre aux présidents de se rendre au vin d'honneur offert par le Conseil.

Devant le Cercle des étudiants, les acclamations tiennent presque du délire; les Sokols et les sociétés saluent.

On arrive à la Pépinière; les Sauveteurs, munis de leurs nsignes, forment la haie à gauche de la porte d'entrée.

Il est trois heures passées, la pluie commence à tomber à torrents.

L'Union nancéenne vient se placer sur la tribune qui lui est réservée du côté opposé à la tribune présidentielle.

Les Sokols, au contraire, viennent se mettre plus près de cette tribune.

Les autres sociétés arrivent sur l'emplacement des vestiaires; le moniteur général arrête le cortège. Les gymnastes travailleurs déposent leurs vareuses, casquettes, etc. dans leurs tentes respectives.

Cette opération est très longue; sans doute à cause de la pluie, les Sokols restent drapés dans leurs longs manteaux qui leur donnent une physionomie si originale, et demeurent bravement sous l'ondée.

Il est quatre heures, M. Prudhomme, président de la fête fédérale de Limoges en 1891, remet le drapeau fédéral à M. Boucart, président pour 1892, qui s'engage à le porter l'an prochain à son successeur, en Algérie.

Les Sokols font présent à l'Union des sociétés de gymnastique, d'un drapeau brodé par les dames de Prague. D'un côté est la devise de la patrie, de l'autre un lion, symbole de la Bohême. M. Prudhomme donne à ces vaillants Tchèques, en souvenir des fêtes de Limoges, deux forts jolis médaillons en porcelaine émaillée, puis le défilé commence et la pluie tombe de plus belle.

Les tribunes, les premières surtout, sont peu garnies. Cela résulte du mauvais temps d'abord et ensuite de ce que tout le monde s'est porté à la gare pour l'arrivée du président de la République. On remarque l'absence de la municipalité, retenue à la gare; du préfet qui est allé au devant de M. Carnot. Le cortège fait le tour de la piste. Après ce défilé qui est magnifique et a un véritable succès d'enthousiasme, surtout pour les Sokols, — les Sokols toujours, — les différentes sociétés prennent leurs places respectives et le concours commence.

A quatre heures et demie, le ciel s'éclaircit un peu, le soleil brille faiblement. Mais à 6 heures survient l'effroyable orage dont nous avons parlé, orage qui produit un sauve-qui-peut général parmi les gymnastes et met à peu près fin au concours.

Lundi matin, 6 juin.

« Réveillé de bonne heure, par des sonneries de clairons, je me précipite à la fenêtre — ma fenêtre du café Riche — l'esprit tourmenté par cette pensée, le temps sera-t-il propice ? Enfin, les Nancéens exagéraient donc, en prétendant que la pluie s'obstinerait, à cause du

voisinage des Vosges ! Le ciel est couvert, mais il vente
sec et c'est l'ordinaire présage d'un soleil tout proche.

Habillé en deux tours de mains, *sur le pont*,
comme nous disons à Paris, je descends à la Permanence. En ce temps là, naturellement c'est l'endroit le
mieux renseigné, la Permanence. Ce matin, j'y rencontre les confrères qui s'entretiennent de l'évêque de
Nancy et pas diversement, je vous jure, à propos des
réceptions à la préfecture, vers 9 heures. Chacun vertement commente l'inadmissible prétexte de l'évêque,
pour esquiver le banquet donné la veille par M. Carnot.

« En tout cas, fait l'un de nous, ce qu'il n'esquivera
pas avec la même désinvolture, sera la réception de ce
matin, et, ma foi, la manière dont il s'en tirera, après ce
que vous savez, vaut la peine qu'on se dérange, y allons
nous ? »

« Allons-y. »

De notre tribune, une espèce de perchoir mal tenu,
nous dominons tout le salon, où le président entouré
de MM. Loubet et Bourgeois ministres, des généraux
Brugère et Jamont, des sénateurs et députés du département, de MM. Reynaud et Marty, attend les visites officielles.

« Le Conseil général, » annonce l'huissier de service.

Ces réceptions étant toujours les mêmes, nous prêtons
d'abord une oreille distraite aux paroles de M. Mézières,
quand soudain nous arrivent des phrases très en dehors
de l'uniformité coutumière à ces allocutions obligatoires.
On y parle de M. Carnot, *personnification de l'idée
française ; de la République, gouvernement fort, fier et
respecté*. Comme un souffle patriotique s'épand dans la
voix de l'orateur, nuance les phrases qui maintenant
vibrent ; tout le monde empoigné, se penche pour ne
rien perdre de ce discours, en sous-œuvre étoffé d'espérances que chacun ressent plus fort, parce qu'il est impossible de les avouer haut, là surtout.

« Mon cher ami, répond M. Carnot, je suis si profondément ému de ce que vous venez de me dire, que je ne peux trouver de paroles suffisantes pour vous remercier de vos si éloquentes paroles. »

D'aucuns ont ergoté sur cette réponse, en la qualifiant d'échappatoire. Comme on voudra ; mais, si telle appréciation est fondée, force est d'avouer que la phrase pas maladroite du tout est très-diplomatique, puisqu'elle brûle le danger de parler trop ou trop peu. Ce qu'il fallait éviter dans les deux cas.

De préférence, j'incline à penser que la brève réponse de M. Carnot est la réflexion bien jaillie d'un homme, sincèrement remué par les choses écoutées.

« M. l'évêque de Nancy et son clergé, » nasille l'huissier.

Dans la tribune, nous sommes alors une dizaine de journalistes ou autres. Du même mouvement automatique, nous nous levons pour mieux regarder. Serait-ce l'attitude de M. Turinaz en ces derniers temps, qui modifie notre jugement, mais il nous semble que l'évêque a singulièrement décliné, et l'allocution épiscopale au chef de l'État nous confirme dans cette idée. Elle ressemble à celles de ses congénères avant l'action d'éclat du cardinal Lavigerie, qui sous couleur de défendre la moëlle de leurs convictions, le pouvoir spirituel, criaient à tout propos aux empiètements du pouvoir temporel, et demeuraient réfractaires endurcis aux institutions du pays, tout en protestant de leur patriotisme.

A ce discours correct dans les termes, mais de multiples coudées, inférieur par les sentiments généreux à celui de l'évêque de Verdun, ce que fut la réponse ? Telle qu'elle devait être, en outre de l'urbanité officielle : « Pour assurer à la France la force et la grandeur, dit M. Carnot, sont nécessaires l'union de tous ses enfants et leur égale soumission aux lois».

Avant de quitter la Préfecture, je reste pour assister à la présentation des officiers de la garnison, par le général Jamont. Que voulez-vous ! J'adore ces mêlées d'uniformes masquant de braves cœurs, ces figures ouvertes et franches, ces voix qui sonnent franc comme l'or.

Pendant que M. Carnot continue de recevoir les autres corps constitués, et les diverses Sociétés de Nancy et du département, nous ramons des coudes à la rue, pour fendre la foule et atteindre le télégraphe, rue de la Constitution.

Un ami m'accoste-là : « Vous venez de la Préfecture ? » « Oui. » En deux mots, je conte ce que j'ai vu. « Beau début de journée, dit-il. L'excursion à Malzéville s'annonce bien, venez-vous ?

« Sais pas. »

En effet, je ne savais pas. Pour ne rien perdre de la matinée, je vais donc me poster à 20 mètres de l'arc élevé par l'École Forestière, car le Président doit passer là. Sur les trottoirs, les curieux affluent sans relâche.

La place de la Cathédrale est couverte de monde.

Comme cela me taquinait de ne point aller à Malzéville, je jette un coup-d'œil encore indécis au temps, car je me rappelais les averses de la veille. Le soleil débarassé, brillait au travers de gros nuages blancs, vrais paquets de ouate, fixés à distance dans l'azur. Cette rue ensoleillée, ce flux montant de population me décident ; allons à Malzéville.

Derrière le Président toujours acclamé, j'avise un landau vide, tentant.

« Montons-nous, dis-je à l'un de mes amis, M. de Bassilan ? »

« Montons. »

Bien nous en prit, car l'excursion fut magnifique. Sur le parcours, encore des mâts pavoisés, des guirlandes, des fenêtres obstruées de drapeaux, des arcs dont l'un, fait de charpentes garnies de mousse, simulait la Tour Eiffel ; rue du Faubourg-Saint-Georges, l'enthousiasme populaire qui va croissant, se manifeste en lançant des fleurs sur la voiture présidentielle. Plus loin, un nouvel arc, ingénieusement constitué au moyen de fûts et de verreries. Au faîte, une large bande rouge est tendue avec ces mots : *A M. Carnot, deux usines alsaciennes.* Ces deux usines sont de MM. Frudinsholz et Daum, qui offrent au Président le gentil barrillet décrit plus haut.

Au Pont-d'Essey, sur la Meurthe, à l'entrée de la commune de Saint-Max et sous un autre arc, se tiennent le Conseil municipal et les élèves des écoles.

Là, force est de nous arrêter ; pour suivre l'excursion, nombre de voitures particulières se sont faufilées dans le cortége, encombrent la route et nous empêchent d'avancer. En grimpant sur les coussins, nous apercevons cependant M. Carnot en train d'embrasser un gamin et une fillette, les mains encore embarrassées de bouquets.

A quelque distance, la route pour Malzéville faisant brusquement un coude, la longue file des voitures s'engage dans un chemin creux, noyé de verdure, où les casques des dragons de l'escorte se perdent quelquefois pour apparaître aussitôt. Quand nous sommes parvenus à mi côte, le coup-d'œil est ravissant ; à droite, des monticules escaladés de taillis et de maisons ceinturées de vignes et de jardins, à gauche, la Meurthe et ses prés en bordure, puis au-delà, Nancy bien caché dans les arbres, sauf les tours des églises qui s'irrisent de soleil, comme plus loin sous l'horizon, vers Laxou, Villiers et Maxéville, les collines molles qui s'allongent et paraissent dormir.

Et toujours aux acclamations des gens, hissés jusque sur les murs, nous tombons au fin bout d'une avenue de

peupliers vigoureux comme tout, sur Malzéville. Il est
11 heures 20, quand nous descendons la Grand'Rue.
Comme à Saint-Max, allocution du maire, réponse de
M. Carnot, offre de fleurs par un couple de bambins
qui sont encore embrassés par le Président.

Une fanfare communale joue le « Père la Victoire »,
la foule applaudit et nous escorte par le quartier des
Trois-Maisons et la rue Grandville jusqu'à l'Institut chimique

La rue Grandville est alors une large coulée de soleil
entre des maisons neuves et blanches, fermée vers la terrasse de la Pépinière, par un arc de triomphe, portant
inscrit au fronton : « *Au Président de la République,
l'Université de Nancy.* »

Vingt mètres en avant est l'Institut chimique.

Quand nous mettons pied à terre, M. de Bassilan et
moi, si compacte est la foule venue là pour dévisager de
plus près M. Carnot que reçoivent à l'entrée le Recteur
et les Professeurs en robe, que nous sommes obligés de
parlementer pour avancer.

Comme nous eussions regretté de nous laisser en-
fermer dans cette cohue ! Dans une cour intérieure de
l'Institut, ombragée d'un velum, quatre cents personnes
se serrent comme elles peuvent. Costumes écarlates ou
jaunes des professeurs, uniformes militaires, habits noirs,
forment le plus joli pêle-mêle sur le rideau d'étudiants
français et étrangers qui battent des bans répétés et secouent leurs drapeaux.

Ce qui se passe ? En me haussant sur la pointe des pieds,
je vais le savoir. M. Mourin, recteur de l'Académie, en
quelques phrases bien senties, remercie M. Carnot de sa
visite aux travailleurs universitaires. Le Président répond,
puis distribue des croix et des palmes académiques, aux
applaudissements continus des élèves juchés même sur
les appuis des croisées.

Après l'inauguration de l'Institut chimique, arrive alors pour nous tous, très émus de cette belle solidarité unissant élèves et maîtres, le meilleur moment de la matinée. C'est une façon de dire très compréhensible, puisqu'il s'agit de jeunes gens, le meilleur espoir de l'avenir. Sur la marche d'un perron s'est placé M. Carnot entouré de sa suite intime, ayant à droite tout le personnel des Facultés et du Lycée, côte à côte des journalistes.

Un moment d'attente se produit, durant lequel nous voyons les étudiants groupés deux à deux, autour de leurs étendards respectifs, se concerter à voix basse. Un camarade à mes côtés s'impatiente. « Attendez, répondis-je, vous allez voir ».

Nous vîmes en effet les étudiants de la Faculté de Nancy, les délégués des Universités françaises et étrangères, résolus comme nos petits soldats de la veille, s'avancer en lignes serrées vers le Président et défiler en agitant les bérets, criant à tue-tête : Vive Carnot ! pendant qu'au passage les drapeaux frétillant au long des hampes, respectueusement s'inclinaient.

Seize minutes dure cette manifestation, qu'auraient voulu prolonger davantage tous les assistants, entraînés par cette ardeur juvénile ; mais l'heure, mais la foule impatiente en dehors des grilles, nous rappellent à la réalité.

Pour finir, on montre à M. Carnot une plaque commémorative de l'inauguration ; M. Bichat, doyen de la Faculté des sciences, y va de son discours, fort bien tourné, ma parole ! puis tout le cortège remonte dans les voitures, s'engouffre sous la porte de la Craffe, traverse les anciens murs de Nancy, suit la rue Jean-Lamour, en amorce sur celle de Joli-Cœur, en longeant l'imprimerie Berger-Levrault et gagne le cours Léopold.

Le temps est remis d'aplomb et sur nous tombe une

de ces bonnes chaleurs apaisées d'été. Sous la double rangée d'ormeaux séculaires, les baraques foraines s'alignent toutes pavoisées de drapeaux, débordantes de musique et de monde.

Nous nous penchons pour regarder. Le landau présidentiel rase la statue du général Drouot, file toujours dans l'avenue vers la place de l'Académie, pour rejoindre au plus vite l'Hôtel-de-Ville, où quatre cents maires attendent d'être présentés par M. Stéhélin.

VI

VISITE DU GRAND-DUC CONSTANTIN

Vers une heure de l'après-midi, à la terrasse du café de l'Opéra, nous étions trois, moi compris, à savourer l'onctueuse bière nancéenne.

De temps à autre, quelqu'un venait, s'installait cinq minutes avec nous, le temps de nous renseigner sur le banquet universitaire, puis repartait vite. Sans nous déranger, nous avions ainsi des nouvelles toutes fraîches.

Sous un hangar élégamment décoré, quatre cents étudiants français et étrangers festinaient en grande liesse, choquant fraternellement les verres en l'honneur de leurs Universités. A quelques noms près, nous savions les convives, de la table d'honneur surtout. MM. Mézières et Lavisse, les quatre doyens des Facultés, le Directeur de l'Ecole supérieure de Pharmacie, M. Mellier, inspecteur d'académie, les chefs de délégations étrangères.

Nous savions de même, à mesure qu'ils se produisaient, les menus incidents du banquet : les allocutions de MM. Peroux, président de la Société générale des Etudiants, Thierry, secrétaire de la Société générale des Etudiants et Devisse, président de l'Association des Etudiants de Paris.

Nous connaissions ainsi textuellement, ou peu s'en faut, le toast de M. Mézières, en l'honneur de la jeunesse française et étrangère ; celui de M. Cérésole, délégué de la Société Zofingue de Lausanne, avant le longissime discours de M. Lavisse, quand un ami nous tombe tout essoufflé, en nous arrêtant de savourer le délicieux breuvage.

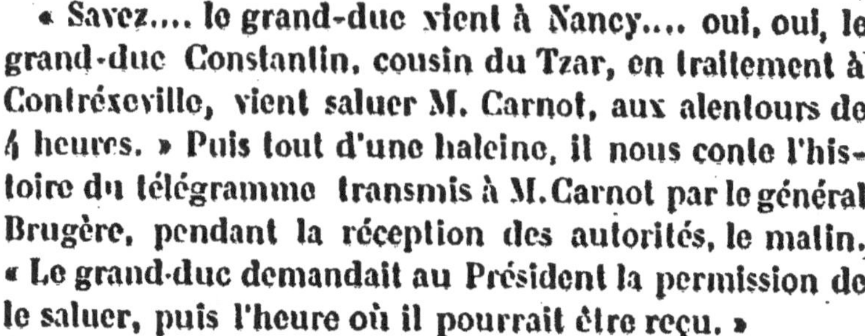

« Savez.... le grand-duc vient à Nancy.... oui, oui, le grand-duc Constantin, cousin du Tzar, en traitement à Contréxeville, vient saluer M. Carnot, aux alentours de 4 heures. » Puis tout d'une haleine, il nous conte l'histoire du télégramme transmis à M. Carnot par le général Brugère, pendant la réception des autorités, le matin. « Le grand-duc demandait au Président la permission de le saluer, puis l'heure où il pourrait être reçu. »

« Voyez d'ici l'embarras, d'autant que plusieurs avaient sollicité cette même autorisation. Le général Brugère et le colonel Dalstein se creusent la tête, libellent une réponse, où l'heure est indiquée : quatre heures trois quarts, mais avec ce correctif, que c'était un bien long voyage pour son Altesse. Et ce n'est pas à quatre heures trois quarts, c'est à trois heures quarante qu'arrive le grand-duc. »

Si l'on se récria... C'était impossible, impossible, de toutes les nouvelles mises en circulation, c'était à n'en pas douter, la plus controuvée et chacun en faveur de ses dires dévidait des arguments irréfutables. « Quand je vous l'affirme, » clâmait notre entêté.

Je me rappelais bien cette dépêche du matin, remise à M. Carnot quand étaient reçus les délégués de Belfort ; mais, comme les autres, je répétais toujours « c'est impossible. » Si impossible que seulement pas dix minutes plus tard, je m'orientais vers la Pépinière où devait avoir lieu le concours de gymnastique. Nul, s'il n'a vu le jardin public ce jour là, ne s'imaginera ce splendide décor d'arbres séculaires où les drapeaux, les lanternes se cognaient pendus dans la verdure.

De la grande avenue sur la place Stanislas, en se postant au détour qu'elle fait, vingt mètres après la grille, superbe est la perspective. Droit devant nous, et tant que nous pouvons découvrir, un alignement d'ormeaux qui se rapprochent, se rappetissent en finissant par se confondre. Tout autour, des pelouses, des massifs variés, sillonnés de multiples allées en pente, où la foule se précipite, à tout moment arrêtée par des sociétés de gymnastique, dont les martiales sonneries de clairons se décuplent sous la voûte des grands arbres,

Comme tout le monde, je m'arrête à regarder ces bonnes jeunes figures, halées de soleil ; j'applaudis les Belges, les Parisiens, les Suisses, ces derniers reconnaissables aux symboliques cornes d'Uri portées en sautoir par deux gymnastes, quand une main s'abat sur mon épaule.

C'était Savary, un bon camarade souvent rencontré au ministère de l'intérieur ou dans les couloirs de la Chambre. Tout en cheminant, nous devisons des faits à l'ordre du jour, d'une adresse probable des gymnastes réunis, au Tzar et à la Tzarine. De la fameuse visite du grand duc, pas un mot. personne n'y croyait. Quand nous atteignons les tribunes, il est deux heures.

De notre place, nous embrassons l'ensemble du terrain de manœuvres, un vaste rectangle dont l'un des grands côtés, face aux tribunes officielles, fourmille de monde assis sous les ormeaux, en arrière d'une musique campée là pour scander les exercices. A main gauche, une éclaircie dans les branchages où les rangées de têtes apparaissent plus nettement. Et pendant que les tribunes se garnissent, surtout de dames en toilettes soignées, les sociétés entrent à droite, toutes bannières flottantes, pour se ranger à la place marquée d'avance en arrière des appareils. Le coup-d'œil est indescriptible. En lignes profondes, vis-à-vis les tribunes, ils sont là 1,500 environ, nu-jambes et casquettes dejetées, tout prêts à travailler. Autour de ces masses blanches où les chemises rouges des Sokols sont en train d'évoluer, des commissaires circulent, soignent l'alignement réglementaire, inspectent le temps, des nuages menaçants écartés sur les arbres, consultent leur montre, en jetant un coup d'œil à la porte d'accès sur la piste.

Tout à coup des vivats éclatent en arrière, se rapprochent, grandissent, puis les dragons de l'escorte apparaissent. C'est M. Carnot qui fait son entrée, traverse les sociétés au port d'attente, gravit les sièges réservés et s'installe sur l'estrade, ayant autour de lui MM. Loubet et Bourgeois, les généraux Jamont et Brugère, M. Maringer, maire de Nancy et Boucart. Après un salut des drapeaux, commencent les exercices d'ensemble, sous la direction de M. Antoine, moniteur général des écoles de Nancy, quand j'entends chuchoter derrière moi :

« Tout ce qu'il y a de plus officiel, le grand-duc arrive à 3 heures 40. C'est comme je vous le dis. »

Diable, si c'était vrai ! et M. Carnot qui reste toujours là, très attentif aux manœuvres, sans avoir l'air de s'inquiéter outre mesure de cette visite ! Le mieux pour être renseigné étant de s'adresser à qui de droit, j'avise le général Brugère :

« Voyons, est-ce vrai, ce qu'on dit ? »

« L'arrivée du grand-duc ?..... Parfaitement, à 3 heures 40. »

Dix minutes plus tard, j'é ais sur la place Stanislas, rejoint par d'autres qui abondaient en détails complémentaires. La nouvelle s'était répandue, on ne savait au juste comment, selon toute probabilité, par une indiscrétion, car on voulait tenir ce voyage secret jusqu'à la fin, si possible. Mais, elle est arrivée au lycée, en plein banquet, et les étudiants se sont alors remués, je ne vous dis que ça.

« Si nous passions au Lycée. »

Effectivement, au Lycée c'est un vrai branlebas. La plupart des tables sont déjà vides; les couverts, les serviettes gisent à la débandade; des quatre cents convives, peu sont restés, encore est-ce pour ne pas fausser compagnie à MM. Lavisse, Mézières et aux autres sommités universitaires.

« Mais où sont donc vos compagnons, demandons-nous à un étudiant? »

« Tous partis….. sitôt confirmée la venue du grand-duc, rien n'a pu les retenir, et le peu qui reste ne manquera pas de se dérober dès qu'il pourra….. songez donc ! une pareille surprise ! leur idée justifie cet empressement. En première ligne, dévaliser les marchands de drapeaux russes, les marchands de fleurs et faire au grand-duc une incroyable ovation spontanée….. Filez plutôt à la gare, vous verrez ! »

L'avis était superflu ; à 3 heures un quart, nous arrivons à la gare où nos braves étudiants clouaient partout des drapeaux russes, improvisaient un décor, aidés à toute minute par quelques nouveaux déserteurs du banquet universitaire. Des journalistes arrivaient aussi, mais pour se faufiler prestement sur les quais intérieurs. Resté dehors pour juger mieux des préparatifs, je vois le colonel Chamoin descendre d'une voiture, courir vers un bataillon du 79ᵉ en train de rentrer à la caserne, le ramener pour faire la haie depuis l'arc-de-triomphe aux grilles du square, jusqu'aux quais d'arrivée.

La foule grossit sans cesse, se massant le plus près possible, pour voir l'auguste visiteur. A trois heures trois quarts le train entre en gare, est salué par une avalanche de cris « vive la Russie, » poussés par les journalistes et les étudiants.

Le grand duc, d'abord légèrement étourdi par cette réception inattendue, puisque c'était chose arrêtée qu'il voyagerait incognito, se remet vite, répond aimablement au colonel Chamoin qui lui souhaite la bienvenue et traverse la gare. Instinctivement les soldats du 79ᵉ présentent les armes, les officiers saluent du sabre, de toutes les poitrines partent des cris de « vive la Russie ! »

Les moins enthousiastes n'étaient pas nos étudiants.

Le grand duc est à peine installé dans sa voiture avec son aide-de-camp le baron de Ramsay, et le colonel Chamoin, que celle-ci est entourée, prise d'assaut aux frénétiques acclamations du public. Les étudiants escaladent les marche-pieds, agitent des drapeaux russes, remettent au grand-duc un bouquet d'œillets jaunes liés par un ruban jaune.

Plusieurs membres de la société des sauveteurs s'emparent des guides ; « si nous dételions, » dit une voix. Oui, oui. Le colonel Chamoin est obligé d'intervenir : « Messieurs, je vous en prie ; laissez... Du calme, voyons ! » C'est seulement au bout de quelques minutes que le landau peut avancer, mais, au pas, bien entendu.

En tête marchent une vingtaine d'étudiants ; les uns brandissent des drapeaux russes ; les autres plantent leurs bérets au bout d'une canne ; aux portières, deux autres arborent également des drapeaux russes. Un millier de personnes au moins, en chantant l'hymne russe, escortent la voiture qui tourne par les rues Mazagran et Saint-Jean.

Au point central, la manifestation prend des proportions inouies, les ovations redoublent. Des musiques surgissent on ne sait d'où, comme par enchantement, et jouent les airs nationaux des deux pays. Rue des Dominicains, on croise une voiture de fleurs ; en un clin d'œil, elle est dévalisée. En débouchant sur la place Stanislas, c'est une compagnie du 69e qu'on rencontre. La compagnie s'arrête net et présente les armes. Survient au même instant la musique du 26e qui tout de suite entonne l'hymne russe, la foule transportée redouble ses acclamations, tente de franchir la haie pour regarder plus à l'aise ce grand jeune homme élancé, blond, à figure souriante et distinguée, saluant tout fier de la rosette d'officier accrochée sur son vêtement civil.

A la préfecture il faut fermer les grilles pour n'être pas envahi.

Pendant que le colonel Chamoin introduit dans un salon, le grand-duc et son aide-de-camp, on court prévenir le président de la République qui se fiant à l'heure indiquée dans le télégramme, quatre heures trois quarts, inaugurait à la Pépinière la statue de Claude Gelée dit le Lorrain. A quatre heures et demie, M. Carnot arrive juste quand M. Maurice Barrès qu'on avait refusé de conduire auprès du grand-duc, descendait de sa tribune improvisée — un landau — et cessait de haranguer la foule pour n'être pas conspué. L'entrevue dura vingt minutes, après laquelle M. Loubet et M. Bourgeois furent présentés au grand-duc.

Le bruit de cette visite s'étant répandue en ville comme une traînée de poudre, où nous étions les clameurs de l'incroyable foule stationnant rue d'Alliance et place Stanislas, nous arrivaient en bruits de mer déferlant sur une côte lointaine.

Quand la visite a pris fin, M. Carnot accompagne son visiteur jusqu'au bas du perron, et les grilles sont ouvertes. Le grand-duc toujours suivi du colonel Chamoin, monte alors en voiture et précédé d'un piquet de dragons, file au grand trot vers la gare, frénétiquement acclamé quand les soldats lui rendent les honneurs militaires aux accents de l'hymne russe joué par la musique du 26e.

En gare, l'ovation continue. Toutes les délégations d'étudiants sont présentes ; au nom de l'Université de France, deux membres de l'Association de Nancy lui offrent une corbeille de fleurs. Le grand-duc remercie en termes émus. « Je la garderai dit-il en souvenir de cette belle journée. »

Enfin, quand le train s'ébranle, étudiants et journalistes poussent des hourras et suivent aux portières.

VII

LA SOIRÉE DE MARDI. — LE BANQUET
DISCOURS DE M. CARNOT

C'est justice à convenir de la maîtresse habileté du Conseil municipal Nancéen. Des économies réalisées sur l'hébergement des journalistes au café Riche, il confectionna le menu suivant, que tout convive pouvait lire, posé sur son verre, au banquet donné le soir même à l'Hôtel de Ville, à 7 heures. Qu'on en juge :

Potage Saint-Germain
Darne de saumon sauce verte
Filets de Charolais à la Godard
Cannetons à la bigarrade
Chaufroix de mauviettes en caisse
Sorbets au kirsch
Dindes du Mans rôties au cresson
Salade russe au homard
Pâté de foie gras Grand-Hôtel
Petits pois à la française
¡Bombes alsaciennes
Gâteaux de Lorraine
Fruits et desserts

—

VINS
Madère
Tisane de Champagne en carafes frappées
Pagny en carafons
Haut-Sauterne
Château-Malescot
Musigny – Gauvin
Duc de Montebello (carte blanche)
CAFÉ, LIQUEURS

A vrai dire, ce n'est pas de cette litanie de plats dont je me souviens, mais plutôt de la belle ordonnance de la salle, dont les lumières doublant leurs reflets dans les cristaux, éclairaient les tables en plein, et surtout celle adossée à des plantes vertes, où siégeaient autour de M. Carnot : MM. Maringer, maire de Nancy, Loubet, président du Conseil, Bourgeois, ministre de l'Instruction publique, le général Jamont, commandant du 6ᵉ corps, le général Brugère, etc.

Quiconque a jamais assisté, à l'un de ces banquets les a pratiqués tous, car tous se ressemblent, quelques points de détails exceptés.

A Nancy, ces détails sont l'incomparable emplacement du festin qui semble n'être pas du tout isolé de la foule, tant les acclamations d'en bas arrivent distinctes, à ce premier étage, par les grandes fenêtres dont les vitres deviennent rouges sous les illuminations de la place.

Par une coïncidence singulière, ces remous montants de voix et de cris cessent, quand à 9 heures, M. Maringer lit à voix ferme et suffisamment haute, un discours bien pensé, s'il n'est écrit dans les formes littéraires. Sur la fin, à la proposition du maire, de lever les verres en l'honneur du Président, c'est un vacarme d'applaudissements tels, qu'il faut l'intervention personnelle de M. Carnot pour y mettre fin. Immédiatement, tout le monde comprend et s'asseoit pour écouter.

« Monsieur le maire,

« Je ne puis me défendre d'une profonde émotion en répondant aux paroles vibrantes de vrai patriotisme que vous venez de prononcer.

« On sent, à vous entendre, tout ce qu'il y a de passion, de dévouement, de calme résolution au cœur d'une population qui sait inspirer à ses interprètes d'aussi généreux accents. (Bravos).

« Tout, d'ailleurs, sur cette terre, que vous dites si bien deux fois française, respire l'amour du drapeau, devant lequel il n'y a plus, parmi vous, qu'une âme, qu'une volonté, qu'un effort. (Bravos prolongés).

« Elles ont bien choisi le siège de leur XVIII° fête fédérale, ces jeunes phalanges, qui n'ont pas seulement à former les corps pour la fatigue et la lutte, mais à tremper les âmes aux sources pures du patriotisme. (Bravos).

« Je vous remercie, monsieur le maire, je remercie les représentants de Meurthe-et-Moselle de m'avoir appelé à assister à ces fêtes, je remercie la population tout entière des témoignages de si cordiale sympathie dont elle a voulu honorer le président de la République. (Nouveaux applaudissements).

« C'est un reconnaissant et ineffaçable souvenir que j'emporterai de ma visite à la noble cité lorraine.

« J'y ai retrouvé, digne d'elle-même, cette 11° division que j'avais, il y a quelques mois, admirée à la grande revue de Vitry-le-Français. (Double salve d'applaudissements, cris répétés de : Vive l'armée !)

« Les vaillantes cohortes des gymnastes qui, de tous les points de la France, sont venues témoigner ici de leur dévouement à la mission qu'elles se sont donnée, ont su mériter une fois de plus nos affectueux encouragements.

« Quant à la jeunesse universitaire, aux cœurs généreux, aux passions ardentes, elle sait entendre l'appel de maîtres respectés et par sa discipline morale, se placer à la hauteur des saints devoirs qui lui incombent. Qu'elle reçoive d'ici mon salut cordial. (Applaudissements).

« Soient aussi remerciés de leur chaleureux accueil les travailleurs de la terre et de l'usine, dont j'ai traversé, en ce jour de fête, les rangs serrés sur les avenues et les places de votre belle capitale.

« Les créateurs de la richesse ont fait ici des merveilles, et j'aurais voulu pouvoir aller les visiter dans leurs ateliers, les voir à l'œuvre, leur témoigner une fois de plus l'affectueuse sollicitude dont la République les entoure, leur dire les efforts qu'elle ne cesse de consacrer à l'amélioration des conditions du travail et à la sauvegarde des intérêts comme de la dignité des travailleurs. (Applaudissements prolongés).

« Ils savent bien, d'ailleurs, que sous l'égide de la République incontestée. acclamée en toute occasion par les masses profondes du suffrage populaire, la France marche d'un pas sûr et continu dans la voie du progrès et de la justice.

« Ils savent que, dans ces évolutions, ils ont tout à attendre du respect des lois et de la liberté, tout à craindre du désordre et de la violence. (Quadruple salve d'applaudissements.)

« C'est en poursuivant sa mission de concorde et d'union de toutes les forces vives de la nation, en restant inébranlable dans une politique de calme, de paix, de dignité qui lui vaut de précieuses amitiés. que la République française gardera le respect et l'estime du monde (Nouvelles salves d'applaudissements.)

« Vous avez prouvé, Monsieur le Maire, que ces sentiments sont gravés au cœur de vos concitoyens, j'en emporte une joie sincère et je lève mon verre en l'honneur de ces bons français.» (Applaudissements prolongés.)

M. Carnot lit bien, scande les syllabes. La voix porte dans toute la salle. Malgré ça, pour mieux entendre, les trois quarts des convives se sont rapprochés et mangent des yeux l'homme, qui prononce des paroles si apaisées, tout en faisant sonner « *les précieuses amitiés que la République s'est conciliées par sa politique de calme, de paix et de dignité.* »

Nous sommes trois qui n'avons pas attendu la fin du banquet pour nous esquiver et prendre bonne place au balcon central. Les règles du savoir vivre ont été violées, j'en conviens, mais le spectacle que nous flairions à côté, nous attirait invinciblement. Une fois calés dans l'extrémité gauche du balcon, nous oublions totalement notre sortie à l'anglaise.

A nos pieds, cinquante mille têtes se montrent entre

des cordons de feu. Dans la pénombre, on aperçoit distinctement les figures blanches et mates, serrées à se toucher presque, et toutes tendues vers nous. Comme entourage de cette scène, les monuments de la place se détachent ainsi qu'en plein jour sur ce fond lumineux et surtout, oh ! surtout, les admirables grilles de Jean Lamour, particulièrement celles à l'encoignure du théâtre. Des feux de bengale placés derrière embrasent le feuillage. Clartés vives et teintes colorées se succèdent alors rapidement, sur lesquelles les plus minces contours des fers se dessinent en lignes très noires.

« Est-ce assez beau, dites, est-ce assez beau ! » C'était la réflexion commune, plus tard surprise dans bien des groupes, quand s'élevèrent vers nous des tonnerres d'acclamations. Sans tourner la tête, nous devinons que M. Carnot prend place au balcon.

« ..... Voyons, mon cher, renseignez-moi sur les dif-
« férents numéros du programme, que j'ai forcément
« manqués : la fin du Concours de gymnastique, l'inau-
« guration de la Statue de Claude Gelée, dit le Lorrain,
« et le reste. »

« Eh ! bien, voilà, me répond gentiment M. Marty, secrétaire particulier de M. Loubet, venu nous rejoindre. Après notre départ de la Pépinière, les gymnastes ont continué leurs exercices, mais séparément cette fois, sur les barres fixes, le trapèze, les chevalets et tout le tremblement. Puis la distribution des récompenses et des diplômes faite, on est parti inaugurer la statue de Claude Gélée, érigée dans la Pépinière, mais un peu plus sur la butte »

« Sur le parcours du Président, cris et recris enthousiastes, comme vous pouvez croire, et ce jusqu'à la tente dressée en face du Lorrain, Ce qu'est la statue? Quelque chose de très achevé à ce qu'il me semble ».

Le peintre est figuré à la descente d'un tertre, son

pinceau dans une main, sa palette dans l'autre. Bouche bée et les yeux agrandis, il hume ce bon soleil dont il cherche à fixer l'éclat. Le piédestal vaut le bronze mis dessus, car il résume l'œuvre du peintre. »

« L'auteur est M. Rodin qui fut complimenté ferme, sans parler du Président, par M. Français, de l'Institut, et Maringer, maire de Nancy, dont les discours étaient marqués au coin d'une bonne facture. Mais, de toutes ces harangues officielles, la plus soignée tant la forme et le fond en étaient châtiés, fut sans contredit celle de M. Bourgeois, ministre de l'Instruction publique. »

« Et après le départ du grand-duc, car le programme est loin d'être épuisé ? »

« Il y a une première visite à l'Ecole Forestière, que M. Carnot parcourut dans ses détails, conduit par le directeur M. Pinson. »

« Une seconde, à l'Hospice civil. Mais pour y arriver, le parcours a été mouvementé comme jamais. En plein quartier St-Nicolas ça été une vraie récolte de fleurs offertes par des fillettes ; devant l'usine Lang, et des fleurs et des produits de la manufacture sont présentés à M. Carnot par Mlle Helle et M. Ringassen ; pour mémoire je cite un lâcher de pigeons, par la société des Eclaireurs de l'Est. Bref, la foule se démène tant et si bien que le Président n'est reçu qu'à cinq heures et demie, à l'hospice civil par M. Deperronne. »

« Comme au dehors, accueil enthousiaste par les internes, par les pensionnaires, par les malades durant la visite des salles. A la remise des cadeaux pour lui et Mme Carnot, le Président est très ému. »

« Finalement, il est six heures et demie, quand le cortège encore encombré d'un autre bouquet offert par Mlle Roy, au nom des Dames de la Halle, rentre à la Préfecture. »

« Et c'est tout ! »

« Comment, ce n'est pas assez ? »

« Si… si… mais il y a eu tant de surprises aujour-d'hui .. »

« Tenez, en voilà une autre. »

Cette autre était le feu d'artifice à sa fin.

En lettres de feu, se balançaient dans l'espace les inscriptions « *Vive Carnot* » « *aux Sociétés de Gymnas-tes* , puis subitement le ciel s'embrase, une pluie d'étoiles multicolores s'abat sur la foule.....

Au départ, dans le grand escalier, nous entendons cette réflexions à même le cortège : « *Bonne journée pour M. Carnot.* »

Mentalement nous ajoutons : et *pour la France.*

. . . .

Voici la dernière dépêche que j'envoyai à mon journal.

Mardi, 7 juin.

A neuf heures, ce matin, M. Carnot quitte Nancy, après avoir remis des médailles à 50 ouvriers de la Compagnie de l'Est ayant plus de 30 ans de services. Foule enthousiaste et plus considérable encore qu'à l'arrivée.

En partant, M. Maringer, maire de Nancy, remercie une dernière fois M. Carnot de l'honneur et de la joie que sa visite a fait à Nancy.

« Je regrette de partir, a dit le Président, mais je garderai un souvenir éternel des journées des 5 et 6 juin passées au milieu de votre population. »

. . . .
. . . .
. . . .
. . . .

En revenant de la gare, M. de Bassilan et moi, nous philosophons, naturellement sur les faits de la veille.

« Voyons, dis-je, quelle sera, croyez-vous, l'impression produite à l'étranger ? »

« Excellente... Il y a plaisir à le constater, quand on se rappelle que l'Europe était aux aguets, ces derniers jours. La preuve en est dans tous les journaux étrangers qui reconnaissent l'excellente attitude du gouvernement. Les Italiens mêmes conviennent que dans les circonstances solennelles, les Français déploient une grande prudence qui honore leur patriotisme. Le *Standard* y met les noms et ne reste pas dans la généralité. « *Les fêtes de Nancy*, dit-il, *honorées de la présence de M. Carnot, ont été célébrées avec un tact qui fait honneur à cet homme d'Etat* ». Par ci, par là, le grand-duc est bien « *attrapé* », mais que nous importe, pourvu que notre pays bénéficie de cette visite habilement préparée ! »

Ces réflexions nous amènent à la Permanence, où nous rencontrons M. Gouttière-Vernolle, notre confrère de la *Lorraine-Artiste*, dont la bonne voix nous interpelle aussitôt : « Puisque le service de vos journaux n'a pas exigé votre présence à Lunéville et Toul, votre journée doit être libre. J'en dispose sans votre consentement pour aller à Liverdun, au banquet des étudiants. »

Comme c'était un lendemain de fête, nous nous laissons faire, si bien qu'à onze heures nous débarquions à Liverdun.

Quelle bonne journée ! Reçus à la gare par M. Aimé Laurent, maire de Liverdun, nous visitâmes sous sa conduite l'ancienne forteresse des princes évêques de Toul, perchée sur un côteau d'où la vue sur la Moselle est admirable. Pendant, nos trois cents étudiants sous la direction de M. Stock, un des premiers présidents de l'Association, s'en allaient à la rencontre de M. Lavisse, le nouvel académicien.

Quand tout le monde fut rassemblé, eut lieu le traditionnel banquet, chez *la mère Bonhôte*, célèbre dans les annales universitaires. Ce furent des agapes, merveilleuses de cordiale et touchante confraternité, et servies avec un ordre qu'envieraient certains restaurants parisiens. Pour ne pas froisser le Conseil municipal de Nancy. je m'abstiens de citer le menu ; mais toutefois qu'on me permette d'ajouter qu'y figuraient certaines écrevisses de la Meuse dont je ne vous dis rien.

Après échange de souhaits sur la création à Nancy d'une Université, rivale de l'Université allemande de Strasboug. nous quittions cette entraînante jeunesse, pour rentrer à Paris, emportant de notre voyage dans l'Est, bien d'inoubliables souvenirs.

TABLE

PARIS. — IMP. L. BEILLET, 60, RUE DE BUCI

www.ingramcontent.com/pod-product-compliance
Lightning Source LLC
Chambersburg PA
CBHW051239030726
47595CB00003B/996